8,80

Maren Bustorf-Hirsch

Gesund kochen mit Keimen und Sprossen

Von der gleichen Autorin sind im Falken-Verlag erschienen:
»Biologisch kochen«, »Biologisch backen«,
»Die abwechslungsreiche Vollwertküche«,
»Selbstversorgung aus dem eigenen Anbau«,
»Joghurt, Quark, Käse und Butter«,
»Haltbar machen durch Trocknen und Dörren«,
»Gesunde Ernährung für mein Kind«.

CIP-Kurztitelaufnahme der Deutschen Bibliothek

Bustorf-Hirsch, Maren:
Gesund kochen mit Keimen und Sprossen / Maren Bustorf-Hirsch. —
Niederhausen/Ts.: Falken-Verlag, 1986
    (Falken-Bücherei)
    ISBN 3-8068-0794-9

ISBN 3 8068 0794 9

© 1986 by Falken-Verlag GmbH, 6272 Niedernhausen/Ts.
Titelbild: Fotostudio Eberle, Schwäbisch Gmünd
Fotos: Jantzen, Arolsen;
Minsch & Lindemann, Schwäbisch Gmünd
Zeichnungen: Brigitte Braun
Die Ratschläge in diesem Buch sind von Autor und Verlag sorgfältig erwogen und geprüft, dennoch kann eine Garantie nicht übernommen werden. Eine Haftung des Autors bzw. des Verlages und seiner Beauftragten für Personen-, Sach- und Vermögensschäden ist ausgeschlossen.
Satz: Dinges + Frick, Wiesbaden
Druck: Wiesbadener Graphische Betriebe GmbH, Wiesbaden

817 2635 4453 6271

Inhalt

Vorwort _____ 7

**Keime und Sprossen —
Lebens- und Heilmittel** _____ 8
Was sind eigentlich Sprossen? _____ 8
Das Wunder des Keimprozesses _____ 8
Keime und Sprossen —
ein altes und neues
Lebens- und Heilmittel _____ 10
Die gesunde Sprossenküche _____ 12

**Die Anzucht von Keimen
und Sprossen** _____ 13
Voraussetzungen
für die Sprossenzucht _____ 13
Sprossenzucht Schritt für Schritt _____ 13
Und wenn die Samen nicht
keimen? _____ 15
Keimgeräte _____ 16

**Exkurs:
Die Zwölf-Tage-Kräuter** _____ 18

**Das Keime- und
Sprossen-Abc** _____ 20
Alfalfa _____ 21
Bockshornklee _____ 22
Buchweizen _____ 23
Erbsen _____ 24
Gerste _____ 27
Hafer _____ 28
Hirse _____ 29
Kichererbsen _____ 30
Kresse _____ 31
Kürbis _____ 32
Leinsamen _____ 33
Linsen _____ 34
Lunjabohnen _____ 37
Mungobohnen _____ 38
Reis _____ 39
Rettich _____ 40
Roggen _____ 41
Senf _____ 42
Sesam _____ 43
Sojabohnen _____ 44
Sonnenblumenkerne _____ 47
Weizen _____ 48
Sprossenmischungen _____ 49
Keime und Sprossen auf
einen Blick _____ 50

**Kochen mit
Keimen und Sprossen** _____ 51
Einführung _____ 51
Frühstück, Vorspeisen und kleine
Zwischenmahlzeiten _____ 52
Bunte Salate mit Sprossen _____ 58
Sprossensuppen _____ 69
Hauptgerichte mit Sprossen _____ 73
Nachspeisen und andere süße
Köstlichkeiten _____ 87
Brote und Brotaufstriche _____ 91

Bezugsquellenhinweise _____ 98

Rezeptverzeichnis _____ 99
Rezepte in alphabetischer
Ordnung _____ 99
Welche Sprossensorte
für welches Rezept? _____ 101

Vorwort

Sprossen sind durchaus keine Erfindung unserer Zeit — auch wenn es zunächst so aussehen mag —, sondern waren schon den Chinesen im Altertum als Lebens- und Heilmittel bekannt.

Man erzählt sich die Sage, daß chinesische Seefahrer auf der Suche nach Land mit ihrem Boot den Jangtsekiang hinauffuhren. Sie gerieten in Stürme, und es ging ihnen allmählich der Proviant aus. Das einzige, was sie noch besaßen, waren getrocknete Bohnen, die unter dem Einfluß der Feuchtigkeit angefangen hatten zu keimen. In ihrer Not aßen sie diese und fanden heraus, daß sie nicht nur überaus schmackhaft waren, sondern ihnen auch neue Kraft gaben.

Ein neues Lebensmittel war gefunden: nicht nur Bohnen — wenn auch die speziell für die Sprossenzucht in China gezüchtete Mungobohne heute noch die Königin unter den Sprossen ist —, sondern auch andere Hülsenfrüchte, Getreide und Ölfrüchte läßt man seit dieser Zeit keimen.

Für unsere Ernährung wurden Keime und Sprossen sozusagen neu entdeckt: als ein Lebensmittel, das den menschlichen Körper auf natürliche Weise mit Nähr- und Vitalstoffen in konzentrierter Form versorgt und das selbst auf kleinstem Raum von jedem ohne besondere Hilfsmittel und ohne größeren Aufwand selber hergestellt werden kann.

Während des Keimprozesses werden nämlich die in den Samen enthaltenen Nährstoffe so umgewandelt, daß der menschliche Körper sie leichter aufnehmen kann, und die Vitalstoffe erhöhen sich um ein Vielfaches. Dies bewirkt, daß der Stoffwechsel aktiviert wird und Mangelerscheinungen behoben werden können, die häufig durch unsere vital- und ballaststoffarme Zivilisationskost hervorgerufen werden.

Keime und Sprossen sind zudem stets knackig-frisch, äußerst wohlschmekkend und bereichern den täglichen Speisezettel auf vielfältige Weise: Ob Sie sie als Rohkost unter Salate und Soßen mischen, als Brotbelag oder Füllung verwenden und ins Müsli streuen, ob Sie sie wie Gemüse kurz dünsten, in die Suppe geben, mit ihnen backen oder eine leckere Pizza herstellen — die Möglichkeiten, Sprossen in der Küche zu verwenden, sind nahezu grenzenlos.

In diesem Buch möchte ich Sie mit diesem außergewöhnlichen Lebensmittel bekanntmachen: Sie erfahren, wie man Samen am günstigsten keimen läßt, welche Samen geeignet sind und wie sie verwendet werden können. Zahlreiche Rezeptbeispiele laden Sie ein, mit Sprossen und Keimen Ihre tägliche Ernährung zu bereichern.

Keime und Sprossen, Lebens- und Heilmittel

Was sind eigentlich Sprossen?

Sprossen erhält man dadurch, daß man die Samen verschiedener Pflanzen im Zimmer zum Keimen bringt.

Jedes Samenkorn — einerlei ob groß oder klein — ist hart und wird in der Regel im rohen, unveränderten Zustand nicht als Lebensmittel verwendet (Ausnahme Nüsse). Wir mahlen oder schroten es — wie zum Beispiel beim Getreide — oder weichen es ein und kochen es anschließend — wie zum Beispiel bei Hülsenfrüchten.

Bringen wir dieses Samenkorn jedoch zum Keimen, wird es weich, ist dadurch im rohen Zustand eßbar und wird zu einem hochwertigen Lebensmittel.

Um zu verstehen, wie es dazu kommt, müssen wir uns den Vorgang des Keimens genauer betrachten.

Das Wunder des Keimprozesses

Alle Samenkörner — einerlei von welcher Sorte — sind vom Prinzip her gleich aufgebaut.

Sie besitzen eine Keimanlage mit einem Knospenansatz, der sich später zu Stengeln und zu den Blättern entwickelt, und einem Wurzelansatz, aus dem sich die Wurzeln bilden.

Diese Keimanlage ist besonders reich an Fetten, Eiweiß- und Mineralstoffen.

Sie ist eingebettet in den Samenkörper, der hauptsächlich aus Kohlehydraten besteht und der der Keimanlage sozusagen als Vorratskammer dient. Umgeben wird der Samenkörper von zwei Schalen, der Frucht- und der Samenschale, die beide viele wertvolle Vitamine, Mineralstoffe, Enzyme und Spurenelemente enthalten.

Alle diese Nähr- und Vitalstoffe in der Keimanlage, im Samenkörper und in den Schalen werden so lange gespeichert bzw. auf natürliche Weise konserviert, bis der Samen unter günstigen Umweltbedingungen aus seinem Dornröschenschlaf erwacht und anfängt zu keimen.

In der Natur benötigt jeder Samen hierfür ganz unterschiedliche Reize an Wärme, Licht, Sauerstoff und Feuchtigkeit. Bei der Sprossenzucht ahmen wir diesen natürlichen Vorgang nach, indem wir die Samen zunächst bei Zimmertemperatur für einige Zeit einweichen und auch danach stets für genügend Feuchtigkeit und Luft sorgen (genaue Beschreibung siehe Seite 14/15). Ganz am Anfang des Keimprozesses beginnen die im Samen enthaltenen Enzyme zu arbeiten. Sie vermehren sich und setzen dabei einen Stoffwechsel in Gang:

- Die Kohlenhydrate werden zu Maltose abgebaut.
  (Maltose ist eine einfache Zuckerverbindung, die dem menschlichen Verdauungsapparat weniger Arbeit abverlangt, weil sie sofort aufgenommen und schneller in Energie umgesetzt werden kann.)
- Die Eiweißstoffe werden in die einzelnen Aminosäuren zerlegt.
- Die gespeicherten Fette werden mit Hilfe von Sauerstoff abgebaut.
- Die Vitamine vermehren sich (zwischen 50 und 200 %).

Einige Zahlen sollen Ihnen dies verdeutlichen:

Steigerung des Vitamin-B_{12}-Gehaltes: (in mg/g)
(Tabelle nach Viktoras Kulvinskas, abgedruckt in: »Leben und Überleben, ein Kursbuch ins 21. Jahrhundert«)

Samensorte	Keimdauer in Tagen		
	0	2	4
Mungobohne	0,61	0,81	1,53
Linse	0,43	0,81	1,53
Kichererbse	0,35	1,09	1,22
Grüne Erbse	0,36	1,27	2,36

Vitamingehalt vor dem Keimen und nach vier Tagen Keimzeit (in mg/kg)

Samensorte	Vitamin B_1		Vitamin B_2		Niacin		Biotin (Vitamin H)	
	0	4	0	4	0	4	0	4
Gerste	—	7,9	1,3	8,3	72	129	0,4	1,2
Mais	6,2	5,5	1,2	3,0	17	40	0,3	0,7
Hafer	10,0	11,5	0,6	12,4	11	48	1,2	1,8
Sojabohne	10,7	9,6	2,0	9,1	27	49	1,1	3,5
Mungobohne	8,8	10,3	1,2	10,0	26	70	0,2	1,0
Erbse	7,2	9,2	0,7	7,3	31	32	—	0,5

0 = Vitamingehalt des ruhenden Samenkorns
4 = Vitamingehalt nach vier Tagen Keimzeit

Nirgendwo sonst erhält man so viele Nähr- und Vitalstoffe in so konzentrierter und leicht verdaulicher Form wie beim Keimprozeß. In der Natur sind sie nötig, um die Entwicklung des Keimes zu gewährleisten, bis er sich selber mit Hilfe von Würzelchen und Blättchen ernähren kann.

Wir sollten diese konzentrierte Nahrung zu uns nehmen, solange die Nähr- und Vitalstoffe in optimalem Zustand vorhanden sind. Ab einem gewissen Zeitpunkt benötigt nämlich der Keim diese Stoffe für sein Wachstum und verbraucht sie selbst. Es ist deshalb empfehlenswert, den günstigsten Erntezeitpunkt zu wählen. (Eine Übersicht über den jeweils günstigsten Erntezeitpunkt finden Sie auf Seite 50.)

Eßbar sind die Samen jedoch vom beginnenden Keimprozeß an bis zu dem Zeitpunkt, wo sich die Keime voll entwickelt haben. Oft erntet man, wenn der Keim etwa die Größe des Samenkorns hat, bei einigen Arten läßt man ihn aber sogar einige Zentimeter groß werden. Aber der Erntezeitpunkt richtet sich nicht nur nach der Größe des Keimes, sondern auch nach dem persönlichen Geschmack. In der Regel liegt er jedoch zwischen dem dritten und vierten Tag.

Keime und Sprossen – ein altes und neues Lebens- und Heilmittel

Sprossen sind — wie bereits gesagt wurde — ein überaus hochwertiges Lebensmittel, dem besonders in unserer heutigen Zeit eine große Bedeutung zukommt. Sie können nämlich unseren Körper mit allen lebensnotwendigen Vitalstoffen versorgen und auf diese Weise Mangelerscheinungen beheben, ohne zu belasten. Diese Entdeckung machten bereits vor über 5000 Jahren Gelehrte in China: sie erforschten die Heilkräfte von Sprossen und verwendeten sie als Medizin bei den verschiedenen Krankheiten (Hauterkrankungen, Verdauungsbeschwerden, Muskelerkrankungen usw.)

Aber nicht nur in China, sondern eigentlich überall auf der Welt sind gekeimte Samen seit langem als wertvolles Lebensmittel bekannt: so wird zum Beispiel in Afrika schon immer aus gekeimter Hirse Bier gebraut (genau wie bei uns aus gekeimter Gerste). Bei uns wird gekeimte Gerste getrocknet und gemahlen als Kaffee-Ersatz verwendet.

Bei den Hunzas, einem Volk, das völlig abgeschlossen im nördlichen Indien lebt und das für seine robuste Gesundheit und Langlebigkeit bekannt ist, spielt gekeimtes Getreide eine zentrale Rolle in der Ernährung.

In der Tiermedizin werden Sprossen schon lange als Intensivkost vor besonderen Leistungen und bei Tierkrankheiten verwendet. So gaben bereits römische und arabische Reiter ihren Pferden gekeimte Getreidekörner, und Unfruchtbarkeit bei Tieren kann man in manchen Fällen durch gekeimtes Getreide heilen. Die besondere Bedeutung von Sprossen aller Arten wurde vor einigen Jahren in Amerika wiederentdeckt. Man fand erneut heraus, daß sie nicht nur ein schmackhaftes Lebensmittel, sondern auch ein außerordentliches Heilmittel sind.

Besonders die Steigerung des Vitamingehaltes, die Vermehrung der Enzyme und die Anreicherung der Mineralstoffe während des Keimprozesses zeichnen Sprossen aus (siehe: Wunder des Keimprozesses Seite 8). Zusätzlich sind sie auch noch leicht verdaulich.

In Amerika werden bereits erfolgreich Versuche unternommen, zahlreiche Zivilisationskrankheiten wie Krebs, Arteriosklerose, Diabetes und Herz- und Kreislauferkrankungen durch eine spezielle Ernährung, in der Keime und Sprossen eine wichtige Rolle spielen, zu mildern oder ihrem Auftreten vorzubeugen.

Aus Gründen der Gesundheit sollten wir täglich einige Sprossen zu uns nehmen. Unseren Vitamin- und Mineralstoffbedarf können wir so bestimmt gut decken — Vitamintabletten werden völlig überflüssig —, und besonders ältere Menschen profitieren von dem verstärkten Gehalt an Enzymen in Sprossen, denn mit zunehmendem Alter verringert sich die Fähigkeit des menschlichen Körpers, Enzyme aufzubauen. Für alle Stoffwechselprozesse sind Enzyme aber unbedingt notwendig.

Die gesunde Sprossenküche

Aber nicht nur aus Gründen der Gesundheit, sondern auch wegen ihrer geschmacklichen Vielfalt sollte man Sprossen ziehen. Auf welche Art und Weise sie zubereitet werden können und unseren Speisezettel bereichern und ergänzen, sollen die Rezepte in diesem Buch zeigen.

Zusätzlich besitzen Sprossen aber auch noch weitere Vorteile: Kein anderes Lebensmittel hat einen so hohen Nähr- und Vitalstoffgehalt mit gleichzeitig so wenigen Kalorien wie Sprossen.

Kein anderes Lebensmittel kann von jedem — ob groß oder klein — so leicht selbst gezogen werden. Die Jahreszeit spielt dabei keine Rolle. Es ist kein Garten für die Herstellung nötig, es genügt ein kleines Plätzchen in einem Zimmer. Sprossen sind, ohne viel Aufwand, in zwei bis fünf Tagen herangewachsen und zum Verzehr bereit. Sie können sie ganz kurz vor Ihren Mahlzeiten ernten — ein so frisches Lebensmittel erhalten Sie in keinem Geschäft — und sicher sein, daß sie keinerlei Dünge- oder Pflanzenschutzmittel enthalten.

Außerdem kann sich auch der Ertrag sehen lassen: Wenn Sie Getreide keimen lassen, erhalten Sie zum Beispiel die doppelte Menge an Sprossen, lassen Sie Mungobohnen keimen, erhalten sie sogar die fünffache Menge oder, anders ausgedrückt: Eine Tasse Mungobohnen ergibt fünf Tassen Mungobohnensprossen.

In der Küche hat der gekeimte Samen verschiedene Namen: Man spricht von Keimlingen, Keimen, Sprossen oder Keimsprossen.

Zur Ernährung können sie auf vielfältige Weise verwendet werden: als Rohkost, Brotbelag, für Salate, als Gemüse, in Suppen, für Füllungen usw. Dabei haben die Sprossen einen ganz unverwechselbaren Geschmack. Zum Kennenlernen sollte man sie deshalb zunächst nur in sehr kleinen Portionen unter die gewohnte Kost streuen. Hat man sich jedoch an ihren Geschmack gewöhnt, kann man ihren Anteil beliebig steigern und sie auch allein verwenden.

Die Anzucht von Sprossen und Keimen

Es ist eine kinderleichte Sache, selber Sprossen zu ziehen und zu ernten, denn es gibt nur wenige Dinge, die Sie dabei beachten müssen.

Als erstes sollten Sie sich gesunde Samen besorgen. Gesund bedeutet, daß die Samen nicht zerbrochen, voll keimfähig und nicht chemisch behandelt sind. Zerbrochene Samen, wie wir sie zum Beispiel unter Hülsenfrüchten, die lediglich zum Kochen bestimmt sind, finden, stören den Keimprozeß ebenso wie ein hoher Anteil von nicht mehr keimfähigen Samen: Sie faulen leicht und verderben den Geschmack des gesamten Keimgutes. Samen, die gebeizt oder sonst auf irgendeine Weise chemisch behandelt wurden, eignen sich aus gesundheitlichen Gründen nicht zum Keimen. Werden diese Samen im Freiland ausgesät, können die chemischen Stoffe während der Vegetationsperiode langsam abgebaut werden, während der kurzen Keimzeit von zwei bis fünf Tagen ist dies jedoch nicht möglich, so daß die Schadstoffe vom Körper voll aufgenommen würden.

Am besten kaufen Sie deshalb in Reformhäusern oder Naturkostläden Samen, die speziell für die Sprossenherstellung gezüchtet wurden, und voll keimfähiges Getreide aus kontrolliertem biologischen Anbau, oder Sie verwenden Ihre selbstgeernteten Samen.

Voraussetzungen für die Sprossenzucht

Alle Samen müssen vier Bedingungen vorfinden, damit sie aus ihrem Dornröschenschlaf geweckt werden und anfangen, zu Keimen heranzuwachsen:
1. Sie dürfen keiner direkten Sonneneinstrahlung ausgesetzt werden, sondern benötigen indirektes Licht oder sogar Dunkelheit.
2. Sie benötigen eine ausreichende Menge Feuchtigkeit, dürfen aber nie naß sein.
3. Die Temperatur, bei der der Keimprozeß stattfindet, sollte je nach Samenart zwischen 18° C und 21° C liegen.
4. Die Samen benötigen eine ausreichende Versorgung mit Sauerstoff.

Schon auf den ersten Blick werden Sie festgestellt haben, daß diese Bedingungen in jeder Küche oder in jedem Zimmer vorgefunden werden oder aber leicht herzustellen sind.

Sprossenzucht Schritt für Schritt

Es gibt heute im Handel bereits zahlreiche Geräte, die die Sprossenzucht noch leichter machen und es ermöglichen, verschiedene Sprossen zur gleichen

Zeit herzustellen. Auf sie soll später noch eingegangen werden.

Wenn Sie aber erst anfangen, Sprossen selber zu ziehen, können Sie sich mit Mitteln behelfen, die man in jedem Haushalt vorfindet. Es empfiehlt sich dabei aber, die ersten Versuche am besten mit der beliebten Mungobohne, mit Weizen oder mit einer speziellen Samenfertigmischung vorzunehmen, weil sie in der Regel problemlos keimen.

Erster Schritt:

Zunächst waschen Sie die Samen, geben sie in eine ausreichend große Schüssel, bedecken sie mit reichlich Wasser und lassen sie so — je nach Samenart — vier bis zwölf Stunden stehen und quellen. Manche Samen vergrößern während dieser Quellzeit ihr Volumen sehr stark. Aus diesem Grunde sollten Sie immer reichlich Einweichwasser verwenden, am besten drei bis vier Tassen Wasser auf eine Tasse Samen.

Zweiter Schritt:

Nach dieser Quellzeit schüttet man die Samen mitsamt dem Einweichwasser am besten in ein Sieb und fängt das Wasser in einer Schüssel auf. Zum Wegschütten ist es viel zu schade, denn es ist reich an Vitaminen, Mineralien und Enzymen. Man kann es zum Kochen von Suppen und Gemüsen verwenden, die Blumen damit gießen oder es Haustieren zum Trinken geben.

Die Samen werden anschließend im Sieb unter handwarmem fließendem Wasser gründlich gespült, und das Sieb wird dann zum Abtropfen auf eine Schüssel gestellt. Auf diese Weise kann das Wasser gut ablaufen, und die Samen erhalten genügend Sauerstoff.

Man bedeckt sie dann mit einem Tuch, denn bei indirektem Licht oder Dunkelheit keimen die meisten Samen am besten. Deshalb stellt man die Schüssel auch am besten in eine Zimmerecke und nicht auf die Fensterbank.

Dabei sollte die Temperatur im Zimmer zwischen 18° C und 21° C liegen. Im Winter, wenn dies besonders nachts nur schwer zu erreichen ist, bedeckt man die Samen zusätzlich noch mit einem Wolltuch.

Achten Sie außerdem darauf, daß sich nicht zu viele Samen im Sieb befinden. Je sparsamer das Sieb nämlich gefüllt ist, desto besser klappt die Versorgung mit Sauerstoff.

Dritter Schritt:

Je nach Art läßt man die Samen zwischen zwei und fünf Tagen (siehe Tabelle Seite 50) keimen. Während dieser Zeit müssen sie zwei- bis viermal täglich unter fließendem handwarmen Wasser gespült, und das Sieb muß anschließend, wie oben beschrieben, wieder in die Schüssel gestellt werden. Auf diese Weise sind die Samen nie naß, erhalten aber die Feuchtigkeit, die sie benötigen.

Vierter Schritt:

Nach zwei bis fünf Tagen stehen die gekeimten Samen, die Sprossen, sofort zum Verzehr bereit. Probieren Sie in der ersten Zeit während des gesamten Keimprozesses die wachsenden Sprossen immer wieder, damit Sie Erfahrung sammeln und sie dann ernten können, wenn Ihnen der Geschmack am meisten zusagt. Spülen Sie die Sprossen vor dem Verzehr noch einmal gut durch, und lassen Sie sie kurz abtropfen. So sind sie knackig-frisch und sollten am besten roh (bis auf einige Hülsenfrüchte) gegessen werden. Sprossen, die Sie nicht sofort essen wollen, können Sie auch noch einige Tage im Kühlschrank aufbewahren.

Und wenn die Samen nicht keimen?

Obwohl es meist auch Anfängern auf Anhieb gelingt, Keime und Sprossen zu züchten, gibt es doch gelegentlich Mißerfolge, die eine Reihe von Ursachen haben können:
- Samen keimen nicht, auch wenn es sich um geprüftes Saatgut handelt, wenn sie falsch gelagert wurden oder bereits zu alt sind.
- Riecht es in Ihrem Keimgerät modrig, so haben Sie die Samen zu feucht gehalten, sie fangen auf diese Weise leicht an zu faulen.
- Auch bei unzureichender Belüftung keimen Samen schlecht. Meist liegt das daran, daß sich zu viele Samen im Keimgerät befinden.
- Im Sommer, wenn die Temperaturen sehr hoch sind, kann es sein, daß die Samen, damit sie keimen, häufiger als gewöhnlich gespült werden müssen.
- Bei Samen, die nicht anfangen zu keimen, sondern ganz einfach vertrocknen, haben Sie in den meisten Fällen das regelmäßige Spülen vergessen.

Lassen Sie sich jedoch durch solche Fehlschläge nicht entmutigen, sammeln Sie Ihre eigenen Erfahrungen, denn jeder Samen und jede Umgebung ist anders, deshalb kann das oben gesagte auch nur ein Ratschlag für Sie sein, den Sie selbst in Ihre eigene Praxis umsetzen müssen.

Keimgeräte

Zum Abschluß möchte ich Sie noch auf einige Keimgeräte aufmerksam machen, die speziell für die Sprossenzucht entwickelt wurden. Unbedingt nötig sind sie nicht. Sie erleichtern aber die Arbeit der Sprossengärtnerin/des Sprossengärtners, besonders dann, wenn viele verschiedene Samen gleichzeitig zum Keimen gebracht werden sollen. Bezugsquellen für diese Keimgeräte finden Sie im Anhang auf Seite 98.

Die Keimfrischbox

Die Keimfrischbox der Goldbachmühle wurde speziell für die Sprossenzucht entwickelt. Mit Hilfe des Deckels und der verschiedenen Siebe können in dieser Box die Samen sowohl eingeweicht, gespült und zum Keimen aufgestellt als auch im Kühlschrank gelagert werden. Man benötigt keine weiteren Geräte, und die Box versorgt die Samen mit der idealen Luft-Feuchtigkeits-Mischung. Mit dieser Box gelingt die Sprossenzucht immer, eine preiswerte Anschaffung, die besonders für die verschiedenen Samenmischungen geeignet ist, die die Goldbachmühle zum Keimen anbietet.

Der Keimapparat

Für besonders eifrige Sprossenzüchter, die häufig verschiedene Samen keimen lassen wollen, wurden mehrstöckige Keimapparate entwickelt.

Es gibt sie aus Plastik (bio-snacky-Keimapparat) oder Ton (Hawo's Tonkeimer und französische Modelle). Welchen man bevorzugt, ist eine Frage des persönlichen Geschmacks. Bewährt haben sich beide.

Solch ein Apparat besteht aus fünf Teilen: einer Auffangschale, drei gelochten Keimschalen und einem Deckel. Er funktioniert nach folgendem Prinzip:

Man füllt zunächst frisches Wasser in die Auffangschale. Dann gibt man eine Handvoll Samen in eine Keimschale, stellt diese in die Auffangschale und setzt den Deckel drauf. Auf diese Weise läßt man dann die Samen zwischen vier und zwölf Stunden quellen. Anschließend wird das Einweichwasser abgegossen, und die gequollenen Samen werden unter fließendem Wasser gespült.

Man füllt nun die nächste Keimschale mit Samen und weicht diese, wie oben beschrieben, in der Auffangschale ein.

Die Keimschale mit den bereits gequollenen Samen kommt ein Stockwerk höher. Man setzt den Deckel drauf, spült die Samen nach Bedarf und läßt sie keimen. So fährt man fort, bis alle Samenschalen besetzt sind. Oft kann schon am dritten Tag mit der Ernte der Sprossen in der obersten Schale begonnen werden, so daß diese dann wieder für das Einweichen neuer Samen zur Verfügung steht. Auf diese Weise hat man jeden Tag die gewünschten Sprossen frisch zur Verfügung.

Die Keimbar

Ganz neu auf dem Markt ist die sogenannte AMS-Keimbar. Sie besteht aus zwei bis vier gelöcherten Keimkörbchen mit einer dazugehörigen Wasserschale aus Edelstahl. Die Keimkörbchen werden in einer entsprechenden Halterung befestigt, mit den gewünschten gewaschenen Samen gefüllt und zunächst in die Wasserschale getaucht. Dort läßt man die Körbchen zum Einweichen bis zu zwölf Stunden stehen. Danach werden sie in die vorgesehene Auffangschale gehängt. Je nach Art der Samen wird das Keimgut anschließend während des Keimprozesses mehrmals täglich kurz in das Wasser eingetaucht.

Dabei können Sie ganz nach Geschmack zwischen verschiedenen Ausführungen dieser Keimbar wählen: Entweder hängen Sie die Körbchen selbst aus, tauchen sie in der Wasserschale ein und hängen sie zurück, oder Sie benutzen ein Gerät mit einer mechanischen Fingerdrucktaste, oder Sie wählen ein Gerät mit eingebauter Elektronik. Sie brauchen dann nur noch auf der Zeitskala das gewünschte Eintauchintervall einstellen. Das Gerät taucht dann automatisch ihr Keimgut Tag und Nacht ohne Überwachung ein.

Allerdings — solch eine Bequemlichkeit hat auch ihren stolzen Preis.

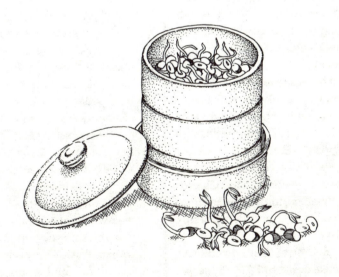

Exkurs:
Die Zwölf-Tage-Kräuter

Wir haben gesehen, wie wertvoll Sprossen als Bereicherung für den täglichen Speisezettel sind. Sie versorgen uns in reichem Maße mit allen lebenswichtigen Vitaminen und Enzymen und liefern dem Körper Eiweißstoffe, Fette und Mineralsalze in leicht verdaulicher Form. Auf sehr einfache Art und Weise kann man nun aus vielen dieser Sprossen — unabhängig von der Jahreszeit und ohne großen Aufwand — in knapp zwei Wochen eigene Grün- und Heilkräuter ziehen. Viele Wissenschaftler in aller Welt haben darauf hingewiesen, wie wichtig der grüne Pflanzenfarbstoff, das Chlorophyll, für die Gesunderhaltung des Menschen ist; soll er doch sogar im Stande sein, bei der Heilung einiger Krankheiten entscheidend mitzuwirken.

Man hat herausgefunden, daß Chlorophyll vom molekularen Aufbau her dem Blutfarbstoff Hämoglobin sehr ähnlich ist. Deshalb kann auch eine Nahrung, die viel Blattgrün enthält, die Qualität des Blutes entscheidend mitbeeinflussen. Außerdem stärkt Chlorophyll den Kreislauf, fördert die Atmung, die Darmbewegung und den Eiweißstoffwechsel.

Jeder, der sich gesund erhalten möchte, sollte deshalb täglich mit seiner Nahrung Chlorophyll zu sich nehmen. Weizen, Kresse, Alfalfa, Senf, Rettich, Buchweizen, Sonnenblumen und Bockshornklee haben einen hohen Chlorophyllgehalt und können leicht herangezogen werden.

Zu diesem Zweck muß man die Sprossen in etwas Erde geben, für eine gute Be- und Entwässerung sorgen und sie so zu kleinen Kräutern heranwachsen lassen. Da dieser Vorgang nicht immer ganz problemlos verläuft, hat die Firma Biokosma speziell für diese Zwecke ein sogenanntes Hydrogerät entwickelt, mit dem die Zucht der Grünkräuter einfacher, schneller und mit einem geringeren Aufwand erfolgen kann.

Das Gerät besteht aus drei Teilen:
1. Einer grünlichen Wasserschale mit kleinen Schlitzen am oberen Rand
   Durch die grünliche Farbe erhalten die späteren Wurzeln der Kräuter stets gedämpftes Licht. Durch die kleinen Schlitze kann überschüssiges Wasser leicht abfließen.
2. Einer Pflanzschale mit Löchern
   In diese Schale werden die Sprossen nebeneinander gelegt. Durch die Löcher wachsen die Wurzeln in die Wasserschale hinein und können sich bald selbst mit Wasser versorgen. Außerdem kann beim Gießen und Spülen überschüssiges Wasser in die Pflanzschale abfließen.

3. Einem kuppelförmigen Deckel
   Die Form des Deckels garantiert einmal einen optimalen Lichteinfall, und da der Deckel an der Oberseite eine Öffnung hat, wird außerdem ein günstiger Luft- und Wasserdampfaustausch gewährleistet. Der zum Wachsen nötige Sauerstoff kann durch die Schlitze in der Wasserschale und durch die Öffnung im Deckel zirkulieren. Die Pflänzchen werden außerdem stets befeuchtet, weil das Wasser an der Deckelinnenseite kondensiert und abtropft.

Und so wachsen die Sprossen zu einem wertvollen Grünkraut heran: Man gibt die im Keimgerät vorgekeimten Samen nebeneinander (nicht übereinander!) in die gelöcherte Pflanzschale, füllt die Wasserschale mit frischem Wasser und setzt die Pflanzschale und den Deckel darauf.

Das Gerät stellt man an einen hellen Platz, schützt es aber vor direkter Sonneneinstrahlung. Während die Sprossen zu Kräutern heranwachsen, sollten sie täglich ein- bis zweimal gespült werden. Dazu hält man das gesamte Gerät unter den Wasserhahn, und zwar so, daß Wasser durch die Deckelöffnung auf die Pflanzen gelangt. Auf diese Weise läuft es langsam, gießt und spült die Kräuter, und überschüssiges Wasser kann durch die Schlitze der Auffangschale abfließen.

Nach acht bis zwölf Tagen können die Kräuter geerntet werden. Man zieht sie vorsichtig aus der Pflanzschale heraus, damit die eßbaren Wurzeln nicht beschädigt werden.

Diese wertvollen Grünkräuter enthalten neben reichlich Chlorophyll Eiweiß, seltene Vitamine, Mineralstoffe und Enzyme sowie Bitterstoffe und ätherische Öle.

Wenn der Geschmack für Sie vielleicht noch etwas ungewohnt ist, sollten Sie das Grünkraut zunächst einmal in kleinen Portionen unter Ihre tägliche Rohkost und Salate mischen. Schon bald werden Sie die pikante Würze und die Frische der Kräuter, die Sie selbst gezogen haben, nicht mehr missen wollen (ganz zu schweigen von den Heilerfolgen, die sie für Kranke mit sich bringen).

Im Keime- und Sprossen-Abc finden Sie Hinweise darauf, welche Sprossen auf welche Weise zu einem Grünkraut herangezogen werden können.

Das Keime- und Sprossen-Abc

Verwenden Sie zum Keimen stets Saatgut, das speziell für die Sprossenzucht ausgewählt wurde, denn so haben Sie die Garantie, daß die Samen unbehandelt und keimfähig sind.

Solche Samen erhalten Sie zum Beispiel in Reformhäusern und Naturkostläden. Adressen von Firmen, die Samen für die Sprossenzucht verschicken, finden Sie im Bezugsquellennachweis am Ende dieses Buches.

Samen, die als Saatgut für das Freiland bestimmt sind, werden in den meisten Fällen aus Gründen der besseren Haltbarkeit und Lagerfähigkeit gebeizt und zum Teil vorbeugend mit Pflanzenschutzmitteln oder ähnlichem behandelt. Diese Chemikalien können in den wenigen Tagen der Keimzeit nicht abgebaut werden und würden deshalb voll in unseren Körper gelangen. Solche Samen sind deshalb für die Sprossenzucht völlig ungeeignet.

Auch Samen, die lediglich zum Kochen bestimmt sind — etwa Hülsenfrüchte wie Erbsen oder Bohnen —, sind zum großen Teil nicht mehr keimfähig oder zerbrochen und sollten deshalb nicht für die Sprossenzucht verwendet werden.

Alfalfa
Medicago sativa

Schon sehr lange ist Alfalfa unter dem Namen Luzerne als gutes Viehfutter in allen Teilen der Welt bekannt.

In Amerika wurden Alfalfasprossen schon vor längerer Zeit für die menschliche Ernährung entdeckt und erfreuen sich immer größerer Beliebtheit. Kaum eine Sprosse hat einen so hohen gesundheitlichen Wert wie die Alfalfasprosse. Sie besitzt alle Vitamine, die der Mensch benötigt, dabei besonders viel Vitamin C. (Eine halbe Tasse Alfalfasprossen enthält übrigens so viel Vitamin C wie sechs Gläser Orangensaft.) Außerdem enthalten sie sehr viel Eiweiß, lebensnotwendige Enzyme und haben den höchsten Mineralstoffgehalt von allen Sprossen.

Alfalfasprossen stärken Muskeln, Knochen und Zähne und helfen bei rheumatischen Leiden und Arthritis.

In der Küche können wir Alfalfasprossen und das Alfalfagrün überaus vielfältig verwenden. Der Geschmack ist mild-herb und leicht nußartig. Man kann die Sprossen ohne weiteres pur essen; sie würzen außerdem Salate und Soßen, Pfannkuchen, Kartoffel- und Getreidegerichte wie Kräuter und schmecken auch gut zu Quark oder auf Butterbroten.

So keimt Alfalfa

Die Samen werden für etwa fünf Stunden in reichlich Wasser eingeweicht, die feinen Samen vergrößern ihr Volumen dabei beträchtlich. Man läßt sie bei einer Temperatur von 21° C drei bis fünf Tage keimen und besprüht sie zwei- bis dreimal täglich mit Wasser. Geerntet werden die Alfalfasprossen spätestens, wenn sie 3—5 cm groß sind. Die Ernte fällt dabei reichlich aus: das Volumen hat sich versechsfacht.

Die gekeimten Alfalfasprossen können auch in das Hydrogerät gegeben werden. Man legt sie dort nicht zu dicht nebeneinander, befeuchtet sie dreimal täglich und kann nach zehn Tagen die etwa 6 cm großen Pflänzchen, die einen enorm hohen Chlorophyllgehalt haben, ernten.

Bockshornklee
Trigonella foenum-graecum

Bockshornklee ist ein altes Gewürz, das schon Karl der Große in seinen Klostergärten anbauen ließ, dann aber wieder in Vergessenheit geriet. Es soll mit seinem hohen Eiweiß- (29 Prozent) und Vitamingehalt (A und C) und seinem reichlichen Anteil an Eisen und Enzymen bei Magen- und Darmkrankheiten und Infektionen helfen. In der Sprossenküche werden Bockshornkleesprossen sparsam verwendet, denn sie haben zunächst einen ungewöhnlichen Geschmack. Gerichte, die mit Bockshornkleesprossen gewürzt werden, erhalten einen orientalischen Charakter (Bockshornklee ist übrigens auch Bestandteil der Curry-Gewürzmischung). Reis-, Getreide- und Obstgerichte lassen sich jedoch ausgezeichnet mit Bockshornkleesprossen würzen.

So keimt Bockshornklee

Die Samen werden fünf Stunden in reichlich Wasser eingeweicht, dabei vergrößern sie ihr Volumen sehr. Anschließend läßt man sie bei Zimmertemperatur zwei Tage lang keimen und besprüht die Samen zweimal täglich mit Wasser. Geerntet werden die Sprossen, wenn der Keim etwa so lang wie der Samen ist. Länger sollte man sie nicht keimen lassen, da sonst die Sprossen bitter schmecken.

Sie können die Bockshornkleesprossen auch im Hydrogerät zu kleinen Grünkräutern heranwachsen lassen. Wenn eine Temperatur von 21° C herrscht und die Sprossen zweimal täglich im Hydrogerät mit Wasser besprüht werden, können Sie nach zehn Tagen die etwa 4 cm großen Pflänzchen ernten.

Wie die Sprossen schmeckt auch das Grünkraut zunächst ungewöhnlich für unser Geschmacksempfinden. Ich verwende es daher recht sparsam zu Getreidegerichten, Rohkost und Obstsalaten.

Buchweizen
Fagopyrum esculentum

Buchweizen gehört nicht wie alle anderen Getreidesorten zur Familie der Gräser, sondern zu den Knöterichgewächsen. Seine kleinen, dreieckigen Samen, die an Bucheckern erinnern, waren wahrscheinlich für seine Namengebung verantwortlich.

Buchweizen wächst auch noch auf sandigen Geest- und Heideäckern und galt deshalb lange Zeit als das »Arme-Leute-Getreide«. Buchweizen ist leicht verdaulich und spielt besonders wegen seines hohen Lysinanteils (die Aminosäure Lysin ist für das Knochenwachstum verantwortlich) in der Ernährung eine große Rolle. Außerdem ist er mit vielen wichtigen Vitaminen (der B-Gruppe und C) und Mineralstoffen (Phosphor, Kalium, Kalzium, Kupfer, Magnesium, Eisen) ausgestattet.

Man kann mit Buchweizen kochen und ihn ähnlich wie Reis verwenden. Außerdem läßt er sich aber auch mahlen und gut zu Fladen, Pfannkuchen oder Kuchen verbacken.

Buchweizensprossen kann man über Suppen und Gemüseeintöpfe streuen oder aber auch kurz dünsten, pikant würzen und als Füllung für Tomaten, Gurken, Paprika oder ähnliches verwenden.

So keimt Buchweizen

Buchweizen braucht nicht eingeweicht, sondern muß nur kurz angefeuchtet werden. Bei einer Temperatur von 21° C läßt man ihn zwei bis drei Tage keimen und spült ihn während dieser Zeit zweimal täglich. Geerntet werden die Sprossen, wenn der Keim etwa 1/2 cm lang ist. Vor dem Verzehr müssen jedoch die nicht eßbaren Hülsen entfernt werden. Dies geschieht am besten, indem man die Sprossen in eine Schüssel mit Wasser gibt und die oben schwimmenden Hülsen abschöpft.

Buchweizensprossen wachsen im Hydrogerät in etwa zwei Wochen zu 8 cm großen, zarten Pflänzchen heran. Sie haben einen milden Geschmack und können gut unter alle Salate oder Gemüse gemischt werden. Das Buchweizengrün schmeckt aber auch mit einer feinen Salatsoße allein sehr gut.

Wegen seines hohen Rutingehaltes schreibt man Buchweizengrün Heilwirkungen bei Bindegewebsschwäche zu, und auch als Vorbeugung gegen Arterienverkalkung soll es wirksam sein. Rutin, auch Vitamin P genannt, besitzt nämlich eine gefäßabdichtende Wirkung.

Erbsen
Pisum sativum

Schon in vorgeschichtlicher Zeit wurden Erbsen angebaut und gezüchtet. Ihre Heimat ist ursprünglich der Orient, sie sind jedoch mit ihren vielen Gattungen schon lange in Europa heimisch.
Früher aß man die getrockneten Samen der Erbsen, heute sind besonders die unreifen, grünen Samen eine Delikatesse und ein beliebtes Sommergemüse.
Erbsen bestehen zu 25 Prozent aus wertvollen Eiweißstoffen und enthalten viele Vitamine (A, B_1, B_2, B_6 und C) und Mineralstoffe (Kalzium, Phosphor, Magnesium, Kupfer, Mangan, Zink). Wenn wir die getrockneten Hülsenfrüchte keimen lassen, können wir uns gerade im Winter alle diese Inhaltsstoffe in erhöhter Konzentration und leicht verdaulicher Form zunutze machen. Erbsensprossen schmecken süßlich und erinnern an die grünen Sommererbsen. Wir können sie gedünstet als Gemüse verwenden oder Suppen und Füllungen mit ihnen verfeinern.

So keimen Erbsen

Die getrockneten Hülsenfrüchte werden zwölf Stunden in Wasser eingeweicht. Anschließend läßt man sie bei Zimmertemperatur etwa drei Tage lang keimen. Während dieser Zeit müssen sie oft — mindestens viermal täglich — gespült werden. Wir ernten die Erbsensprossen, wenn der Keim etwa die Länge der Erbse hat. Ihr Ertrag hat sich dabei verdoppelt.

Verschiedene Sprossen (von links nach rechts): Alfalfa, Bockshornklee, Kresse und Linsen

Gerste
Hordeum distichon

Die Gerste ist eine der ältesten europäischen und asiatischen Kulturpflanzen. Sie spielt nicht nur in der Ernährung, sondern auch in der Heilkunst der Völker eine große Rolle, denn sie enthält viel Eiweiß (10 Prozent), viele Vitamine (B_1, B_2, B_6 und viel E) und Mineralstoffe (Eisen, Magnesium, Phosphor, Zink, Mangan, Kalium, Kieselsäure). Von allen darmempfindlichen Menschen und Kranken wird sie geschätzt, denn sie stärkt nicht nur durch ihre wertvollen Inhaltsstoffe, sondern ist darüber hinaus auch leicht verdaulich und hilft durch ihre kühlende Wirkung bei Fieber.

Gekeimte Gerste ist bei uns schon lange bekannt. Sie wird zur Herstellung von Malz verwendet. Dabei werden die gekeimten Körner getrocknet und gemahlen und später zum Beispiel zum Bierbrauen verwendet. Geröstete Gerstensprossen dienen als Kaffee-Ersatz.

Gerstensprossen schmecken sehr süßlich, deshalb eignen sie sich auch hervorragend zum Rohessen und besonders zum Überstreuen von Salaten, Obstspeisen und Müslis. Man kann sie aber auch zu Teigwaren und Reisgerichten geben oder als Füllung für Gemüse verwenden.

So keimt Gerste

Verwenden Sie zum Keimen die sogenannte Sprießkorngerste, eine spelzenlos gezüchtete Sorte, die nicht geschält zu werden braucht.

Die Gerstenkörner werden für zwölf Stunden eingeweicht. Anschließend läßt man sie bei Zimmertemperatur zwei bis drei Tage lang keimen. Während dieser Zeit werden sie zweimal täglich gespült. Geerntet werden die Gerstensprossen, wenn der Keim etwa so lang wie das Korn ist.

Hafer
Arrhenatherum elatius

Vielleicht ist Ihnen Hafer nur in Form von Haferflocken bekannt. Die ganzen Körner eignen sich aber auch ganz ausgezeichnet zum Kochen, und gemahlen kann Hafer als Zusatz zu anderen Getreidearten auch zum Backen verwendet werden.

Hafer ist ein Getreide, das in unserem feucht-kühlen Klima ausgezeichnet gedeiht. Aus diesem Grunde war er lange das Grundnahrungsmittel besonders für die ärmere Bevölkerung, bis er später von den Kartoffeln abgelöst wurde.

Hafer enthält viel Eiweiß (10 Prozent) und hat von allen Getreidesorten den höchsten Fettanteil (7,5 Prozent). Außerdem besitzt er alle wichtigen Vitamine (A, B_1, B_2, B_3, C und E) und Mineralstoffe (Phosphor, Eisen, Kupfer, Fluor, Zink, Mangan, Kalzium, Jod).

Hafersprossen können wegen ihres hohen Jod- und Fluorgehaltes unsere Ernährung gut aufwerten. Jod beeinflußt die Funktion der Schilddrüse, und diese wiederum steuert Hormonvorgänge im Körper.

In der Tiermedizin wird mit Hafersprossen (wegen ihres hohen Vitamin-E-Gehaltes) erfolgreich Unfruchtbarkeit bekämpft.

Im Geschmack sind Hafersprossen sehr mild. Wir streuen sie über das Müsli und Salate oder verwenden sie zur Herstellung von gesunden Süßigkeiten.

So keimt Hafer

Verwenden Sie zum Keimen den sogenannten Sprießkornhafer. Dies ist eine Hafersorte, die ohne Spelzen gezüchtet wurde, so daß Sie später die ganzen Hafersprossen essen können und nicht erst die äußere Hülle entfernen müssen.

Der Hafer wird für vier Stunden eingeweicht. Anschließend läßt man ihn zwei bis drei Tage lang bei Zimmertemperatur keimen und spült ihn zweimal täglich. Wir ernten die Hafersprossen, wenn der Keim genauso lang wie das Korn ist.

Hirse
Panicum miliaceum

Die Hirse ist die anspruchsloseste Getreideart, die wir kennen. Bis ins letzte Jahrhundert hinein wurde sie auch bei uns noch häufig angebaut, heute spielt sie besonders in der Ernährung afrikanischer und südamerikanischer Völker eine Rolle, weil sie einmal auch noch auf kärgsten Böden gedeihen kann und zum anderen bei ausreichender Wärme in etwa 100 Tagen erntereif ist.

Hirse liefert uns hochwertige Eiweißstoffe (10 Prozent) und Fette (4 Prozent). Sie enthält alle wichtigen Vitamine der B-Gruppe sowie A, C und E und viele Mineralstoffe (Eisen, Fluor, Kieselsäure, Natrium, Kalzium, Kupfer, Magnesium, Phosphor). Bekannt ist sie besonders wegen ihres hohen Kieselsäure- und Fluorgehaltes, letzterer kräftigt Haut, Haare, Nägel und Zähne. Hirsesprossen sollen ein ausgezeichnetes Mittel gegen Hauterkrankungen sein.

Hirse ist fest von Spelzen umschlossen und daher nur im geschälten Zustand erhältlich. Trotzdem kann man sie so keimen lassen.

Hirsesprossen schmecken süßlich. Aus diesem Grunde eignen sie sich ausgezeichnet zum Überstreuen von Obstsalaten, Nachspeisen aus Milchprodukten und für Suppen. Außerdem kann man sie als Zusatz zum Backen oder aber auch als Grundlage für ein Müsli verwenden.

So keimt Hirse

Die kleinen gelben Hirsekörner werden etwa acht Stunden in Wasser eingeweicht. Anschließend läßt man sie etwa drei Tage lang bei einer Temperatur von 21° C keimen. Während dieser Zeit sollten sie dreimal täglich gespült werden. Wir ernten die Hirsesprossen, wenn der Keim gerade sichtbar, also ungefähr 2 mm lang ist.

Kichererbsen
Cicer arietinum

Die Kichererbse ist eine Hülsenfrucht, die besonders in Asien und im Mittelmeerraum angebaut wird. Sie verträgt große Hitze und ist sehr widerstandsfähig und anspruchslos.

Kichererbsen sind etwa zweimal größer als getrocknete Gartenerbsen und gelblichweiß. Sie enthalten etwa 20 Prozent Eiweißstoffe, viele wichtige Vitamine (A, B_1, B_2, B_3, C und E) und Mineralstoffe (viel Eisen, Phosphor, Zink, Mangan und Kalium).

Sowohl die Kichererbse wie auch ihre Sprossen sind vielseitig verwendbar. Man kann aus ihnen pikante Suppen, Gemüsegerichte, Eintöpfe und Salate zubereiten.

Kichererbsensprossen haben einen geringen Anteil an Phasin (giftiger Eiweißbestandteil, der durch Erhitzen zerstört wird), deshalb sollte man sie nicht roh essen, sondern etwa fünf Minuten im Dampftopf dünsten, aber nicht kochen, denn sonst würde der hohe Vitamin-A- und -E-Anteil zerstört werden.

So keimen Kichererbsen

Die Samen benötigen sehr viel Platz, Wasser und Sauerstoff, deshalb sollten sie in sehr viel Wasser zwölf Stunden lang eingeweicht werden. Anschließend läßt man sie etwa drei Tage bei einer Temperatur von 18° C keimen und spült sie während dieser Zeit viermal täglich gründlich unter fließendem Wasser. Wenn der Keim etwa 5 mm groß ist, sollten die Sprossen geerntet werden, denn danach könnten sie schnell bitter werden.

Kresse
Lepidium sativum

Die Gartenkresse stammt ursprünglich aus dem Vorderen Orient, wurde aber schon von Karl dem Großen zum Anbau empfohlen und ist heute überall in Europa und Amerika verbreitet.

Im Garten bringt uns Kresse im Frühjahr das erste zarte Grün, denn sie ist eine der Pflanzen, die sehr schnell und unproblematisch keimen und wachsen. Sie fehlt bei keiner Frühjahrskur, weil sie belebt und erfrischt und gleichzeitig durch ihren kräftigen-aparten Geschmack Salate, Gemüse- und Getreidegerichte, Kräuterquark, Eier und Butterbrote würzt.

Schon seit dem Altertum ist Kresse nicht nur als Würz-, sondern auch als Heilmittel bekannt. Ganz allgemein verbessert sie den Stoffwechsel, regt die Nierentätigkeit an und hilft bei rheumatischen Beschwerden und Gicht. Dies liegt an ihrem hohen Gehalt an ätherischen Ölen und Bitterstoffen (60 Prozent), Vitaminen (A, B_1, B_2, D und besonders viel C) und Mineralstoffen. Aus diesem Grunde sollte sie uns eigentlich das ganze Jahr über zur Verfügung stehen.

Ihre Anzucht ist kinderleicht, so daß wir nicht auf die Pappschälchen mit meist schon welker Kresse aus den Kaufhäusern zurückgreifen müssen.

So keimt Kresse

Die Kressesamen werden für etwa sechs Stunden eingeweicht und anschließend ausgebreitet. Neben dem bewährten Hydrogerät eignet sich hierfür sogar ein feuchtes Papiertaschentuch oder die speziell für die Kressezucht hergestellten Igel und Schweine aus Ton. Man braucht sie also nicht unbedingt in ein Keimgerät geben.

Wenn man nur Kressesprossen essen möchte, läßt man am besten eine kleinblättrige Gartenkresse keimen, möchte man auch das Grünkraut ernten, wählt man eine großblättrige Sorte.

Es genügt, wenn die Kresse zweimal täglich leicht mit Wasser besprüht wird. Meist wächst sie so in sechs bis acht Tagen zu 4 cm großen Pflanzen heran. Schneidet man die Blättchen vorsichtig ab, wachsen sie nach und können oft noch ein zweites Mal geerntet werden.

Möchte man nur Sprossen haben, erntet man am zweiten Tag. Man kann dann alle Teile essen. Beim Grünkraut verfilzen die Wurzeln allerdings so stark, daß sie nicht mitgegessen werden können, weshalb man ja auch die Kresse abschneidet.

Kürbis
Cucurbita pepo

Kürbissamen können Sie kaufen oder aber auch auf einfache Art selber gewinnen. Von den riesengroßen, gelben Kürbissen erhalten Sie eine große Menge an Samen, die Sie einfach trocknen lassen und anschließend luftdicht aufbewahren. Wegen ihres hohen Phosphorgehaltes sind Kürbiskerne und -sprossen für die Ernährung so wertvoll. Phosphor ist Baustoff für Knochen, Zähne und Zellen und außerdem für die Nervenfunktionen und für die Blutgerinnung verantwortlich. In der Küche verwenden wir die Kürbissprossen wie die Kerne. Wir rösten sie leicht an und knabbern sie zwischendurch oder streuen sie über Müsli und Salate oder verwenden sie als Zutat zum Backen.

So keimen Kürbiskerne

Die Kürbiskerne sollten lange in Wasser eingeweicht werden, am besten etwa 16 Stunden. Danach läßt man sie drei Tage lang bei einer Temperatur von 21° C keimen und spült sie während dieser Zeit dreimal täglich. Wenn der Keim etwa 3 mm groß ist, werden die Sprossen geerntet. Die ungenießbaren Hülsen müssen dabei entfernt werden. Dazu gibt man die Sprossen in eine Schüssel mit Wasser und schöpft die oben schwimmenden Hülsen ab.

Leinsamen
Linum usitatissimum

Leinsamen sind die hellbraunen, glänzenden Samen des Flachses. Sie enthalten viel Fett (aus diesem Grunde wird aus ihnen auch Leinöl hergestellt) und reichlich Vitamine (E, F, K) und Mineralstoffe (Kalzium, Eisen, Phosphor, Magnesium und Kupfer). Als Hausmittel wird eingeweichter Leinsamenschrot schon lange bei Stuhlverstopfung angewandt.

Die nußartigen Sprossen haben eine ähnliche Wirkung. In der Küche verwenden wir sie zum Überstreuen von Müslis, Suppen und Salaten oder als Zutat zum Backen von Brot und Brötchen.

So keimen Leinsamen

Leinsamen werden für vier Stunden eingeweicht. Anschließend läßt man sie etwa zwei Tage lang bei einer Temperatur von 21° C keimen. Die Samen müssen während dieser Zeit am besten viermal täglich gespült werden, um sie von der gallertartigen Masse, die sich beim Einweichen gebildet hat, zu befreien. Geerntet werden die Sprossen, wenn der Keim etwa die Größe des Samens hat.

Linsen
Lens culinaris

Die Linse ist eine einjährige Hülsenfrucht und wächst auch noch gut in trockenen Lagen auf kalkreichen, leicht erwärmten Böden. Ihre kleinen, runden Samen sehen wie winzige Diskusscheiben aus.

Linsen sind mit eine der ältesten Gemüsearten, die wir kennen. Sie werden bereits in der Bibel erwähnt, und während der Fastenzeit war der Linseneintopf früher ein beliebtes Essen. In unseren Breiten sind sie, bedingt wohl durch die vielen Gemüseimporte aus dem Ausland, als preiswertes Wintergemüse ein wenig in den Hintergrund gedrängt worden. In Süddeutschland werden sie allerdings noch häufiger gegessen: Linsen mit Spätzle sind hier eine Art Nationalgericht.

Linsen sind von allen Hülsenfrüchten am leichtesten verdaulich. Sie versorgen uns mit hochwertigen Eiweißstoffen, Vitaminen (A, B_1, B_2, B_3 und viel C) sowie wichtigen Mineralstoffen (Phosphor, Eisen, Zink, Mangan, Magnesium, Kalzium, Natrium, Kupfer). Als Sprossen haben sie den Vorteil, daß man sie nicht kochen muß. Mit ihrem leicht nußartigen Geschmack kann man sie in der Küche überaus vielfältig einsetzen: Man bereitet Salate aus Linsensprossen zu, streut sie über Blattsalate oder in Suppen, verfeinert Kartoffel- oder Getreidegerichte mit ihnen, mischt sie unter Aufläufe oder verwendet sie beim Backen salziger Kuchen. Die Möglichkeiten sind nahezu unbegrenzt, und nichts erinnert mehr an das etwas unscheinbare Wintergemüse.

So keimen Linsen

Die Linsen werden für acht bis zehn Stunden in Wasser eingeweicht. Anschließend läßt man sie etwa drei Tage lang bei Zimmertemperatur keimen und spült sie während dieser Zeit dreimal täglich. Linsensprossen dürfen bis zu 2 cm lang werden. Deshalb erhält man auch eine überaus reiche Ernte: Eine Tasse Linsen ergeben sechs Tassen Linsensprossen.

Verschiedene Sprossen (von links nach rechts): Lunjabohnen, Mungobohnen, Senf und Weizen

Lunjabohnen
Vigna unguiculata

Die Lunjabohne wird gelegentlich auch als braune Sojabohne bezeichnet. Allerdings sollte man ihre Sprossen nicht mit denen von Sojasprossen verwechseln. Lunjasprossen können nämlich wie Mungosprossen roh verzehrt werden. Man kann sie jedoch auch — leicht blanchiert — unter Getreidegerichte mischen oder kurz gedünstet wie junges Gemüse verwenden.

So keimen Lunjabohnen

Die Lunjabohnen werden für etwa zehn bis zwölf Stunden in Wasser eingeweicht. Anschließend läßt man sie bei 18° C etwa fünf Tage lang keimen. Während dieser Zeit werden sie ein- bis zweimal täglich gespült. Geerntet werden die Lunjasprossen, wenn der Keim etwa 3 cm lang ist. Sie können mit der rotbraunen Schale gegessen und sollten möglichst bald verzehrt werden, denn ältere Sprossen schmecken leicht bitter.

Mungobohnen
Phaseolus aureus

Die Mung(o)bohne — auch grüne Sojabohne genannt — ist die Königin unter den Sprossen. In China wurde sie speziell für die Sprossenherstellung gezüchtet, und von dort aus hat sie Sprossen überall in der Welt bekannt und berühmt gemacht.

Sie ist überaus bekömmlich, keimt ganz unproblematisch, und ihr Geschmack erinnert an zarte, junge Gartenerbsen.

Mungobohnen enthalten viel Eiweiß und alle wichtigen Vitamine (A, B_1, B_2, C und E) und Mineralstoffe (Kalzium, Eisen, Phosphor, Kalium). Damit der Körper alle diese Stoffe erhält, sollte man Mungosprossen möglichst oft roh genießen. Sie schmecken zu allen möglichen Salaten, Nudeln, Reis und Gemüsekuchen.

So keimen Mungobohnen

Die Bohnen werden zwölf Stunden eingeweicht. Anschließend läßt man sie vier bis sechs Tage bei Zimmertemperatur keimen. Während dieser Zeit sollten Sie die Sprossen zwei- bis dreimal täglich spülen. Geerntet werden die Mungosprossen, wenn der Keim etwa 2 cm lang ist. Wer mag, kann ihn auch bis zu 5 cm lang werden lassen. Die Sprossen schmecken dann immer noch köstlich, allerdings enthalten sie weniger Inhaltsstoffe, als wenn der Keim erst 1—2 cm lang ist.

Noch ein Tip: Entfernen Sie vor der Verwendung der Sprossen die nicht gekeimten Bohnen, sie sind nämlich unangenehm hart und schmecken nicht.

Reis
Oryza sativa

Über die Hälfte der Menschheit ernährt sich von Reis. Reis benötigt zum Reifwerden viel Wärme und Feuchtigkeit und wird deshalb hauptsächlich im ostasiatischen Raum, aber auch in Italien angebaut.

Naturreis — also ein Reis, der weder geschliffen noch poliert wird und auch noch das sogenannte Silberhäutchen besitzt, enthält nicht nur wertvolles Eiweiß (8%), viele Vitamine (B_1, B_2, B_6, Provitamin A) und Mineralstoffe (Kalium, Magnesium, Eisen, Phosphor), sondern schmeckt auch viel kräftiger und würziger als polierter Reis. Außerdem ist Naturreis leicht verdaulich und wirkt stark entwässernd. Aus diesem Grunde wird er auch als Diät bei Rheuma, Herz- und Gefäßerkrankungen verwendet.

Reissprossen sind sehr neutral im Geschmack. Wer gerne etwas »zum Beißen« mag, kann sie sich zum Beispiel über Salate streuen.

So keimt Reis

Reis liebt — wie schon gesagt — Wärme, deshalb sollte er zum Keimen mindestens eine Temperatur von 21° C haben. Zunächst aber werden die Reiskörner für zwölf Stunden in Wasser eingeweicht und anschließend etwa drei Tage lang drei- bis viermal täglich gespült. Geerntet werden die Reissprossen, wenn der Keim etwa die Länge des Korns besitzt. Der Ertrag fällt dabei gut aus: Eine Tasse Reis ergibt etwa 2 1/2 Tassen Reissprossen.

Rettich
Raphanus sativa

Der Rettich erhält seinen charakteristischen Geschmack durch die in ihm enthaltenen schwefelhaltigen Senföle. Er ist schon seit alters nicht nur ein Lebens-, sondern gleichzeitig auch ein Heilmittel für Gallen-, Leber- und Bronchialleiden, denn er wirkt entzündungshemmend, reinigend, desinfizierend und wassertreibend.

Auch den Rettichsamen werden ähnliche Fähigkeiten zugeschrieben. Sie hemmen das Wachstum von Bakterien, Hefen und Schimmelpilzen. Einige Leute machen sich das zunutze und mischen stets einige Rettichsamen unter andere Samen, die sie keimen lassen, um stets einwandfreie Sprossen zu erhalten.

In der Küche finden Rettichsprossen mehr als Gewürz Verwendung, denn schon durch wenige Sprossen erhalten Quarkspeisen und Salate den charakteristischen, etwas scharfen Geschmack.

So keimt Rettich

Rettichsamen werden für etwa vier Stunden bei Zimmertemperatur in Wasser eingeweicht. Anschließend spült man sie zwei bis vier Tage lang drei- bis viermal täglich unter fließendem Wasser. Geerntet werden die Sprossen, wenn der Keim etwa 3 mm groß ist, der Ertrag hat sich dabei verdreifacht: 1 Eßlöffel Rettichsamen ergeben etwa 3 Eßlöffel Rettichsprossen.

Aus den Rettichsprossen kann im Hydrogerät auch sehr gut Rettichkraut hergestellt werden. Bei einer Temperatur von 21° C wachsen die Sprossen in zehn bis zwölf Tagen zu etwa 4 cm großen Pflanzen heran. Je nachdem welche Rettichsorte Sie keimen lassen, ist der Geschmack des Rettichgrüns milder oder schärfer. Ähnlich wie die Rettichwurzel bringt auch das Grünkraut Heilung bei Erkältungen, und Magenkranken hilft es ebenfalls: Rettichkraut steigert und stabilisiert die Magensekretion.

In der Küche ist es eine pikante Würze: Wir verfeinern unsere Salatsoße damit, mischen die Blättchen unter einen bunten Blattsalat oder unter Blattgemüse wie Mangold, Melde und Spinat oder geben es zu Eintöpfen, die dadurch bekömmlicher werden.

Roggen
Secale cereale

Roggen wurde in frühgeschichtlicher Zeit zunächst nur in der Sowjetunion angebaut und breitete sich von dort bis zu uns aus. Lange bevor Weizen in unseren Breiten heimisch wurde, gehörte Roggen — neben Hirse und Gerste — zu den Grundnahrungsmitteln. Roggen wächst besonders gut auf leichten Böden und ist gegen Kälte widerstandsfähiger als alle anderen Getreidearten. Er wird hauptsächlich gemahlen und zu Brot verarbeitet. Dabei ist sein Mehl wesentlich dunkler als das von Weizen und hat einen kräftigeren und würzigeren Geschmack. Das ganze Roggenkorn enthält 12 Prozent Eiweißstoffe, 1,6 Prozent Fett, die wichtigen Vitamine B_1, B_2, B_3 und E und die Mineralstoffe Kalium, Phosphor, Magnesium, Eisen und Fluor.

Roggensprossen sind gesundheitlich besonders wegen ihres hohen Fluorgehaltes von Wert, denn durch ihren Genuß werden auf natürliche Weise die Zähne gefestigt. Sie sind kräftiger im Geschmack als andere Getreidesprossen und schmecken geröstet nußartig.

Wir streuen Roggensprossen über Obstsalate und in Suppen oder verwenden sie als Grundlage für einen Salat oder ein Müsli.

So keimt Roggen

Die Roggenkörner werden für etwa zwölf Stunden eingeweicht. Anschließend läßt man sie zwei bis drei Tage bei einer Temperatur von 18° C keimen und spült sie dabei zweimal täglich. Wir ernten die Roggensprossen am besten, wenn der Keim etwa so lang wie das Korn ist.

Senf
Sinapsis alba

Der Senf ist eine uralte Gewürzpflanze, die ursprünglich aus dem Mittelmeerraum stammt, heute aber überall in Europa und Amerika wild wächst.

Senfkörner verwendet man hauptsächlich zum Einlegen von Gurken und roter Bete. Gemahlen bilden sie die Grundlage für viele Sorten von Senf und Mostrich.

Senfkörner enthalten 30 Prozent Fett, viele Vitamine (A, B_1, B_2, C) und Mineralstoffe (Schwefel, Phosphor, Kalium und Eisen). Sie sind außerdem ein altes, beliebtes Heilmittel, sollen sie doch die Verdauung regeln, Darmkrankheiten heilen und ganz allgemein stoffwechselanregend wirken.

Da Senfkörner zu den rasch wachsenden Pflanzen gehören, eignen sie sich ausgezeichnet zur Herstellung von Sprossen und Grünkräutern.

So keimt Senf

Senfkörner werden zunächst für etwa sechs Stunden eingeweicht. Anschließend läßt man sie etwa drei bis vier Tage keimen und besprüht sie dabei täglich einmal mit Wasser. Wer will, kann sie danach im Hydrogerät in acht bis zwölf Tagen zu 5—6 cm großen Pflänzchen heranwachsen lassen.

Schon die gerade gekeimten Senfkörner sind ein scharfes Gewürz und können ähnlich wie Kresse verwendet werden; allerdings sind sie viel intensiver im Geschmack.

Bereits kleine Mengen würzen Salate, Soßen, Säfte und Quarkspeisen. Die Blättchen kann man auch aufs Butterbrot streuen.

Sesam
Sesamum indicum

Sesam ist eine orientalische Pflanze und wird besonders wegen seines hohen Gehaltes an Fett (55 Prozent, davon 85 Prozent ungesättigte Fettsäuren) angebaut. Man preßt die Samen und gewinnt daraus das hochwertige Sesamöl. Die Preßrückstände verfüttert man an das Vieh.

Der Samen wird aber auch gemahlen beim Brotbacken und zur Herstellung von Süßigkeiten (Halva, türkischer Honig) verwendet.

Ebenso wie die Samen kann man auch die Sesamsprossen (eventuell leicht geröstet) über Kartoffelgerichte, Gemüse und Obstsalate streuen oder auch zur Herstellung von Backwaren verwenden. Der Anteil an Vitaminen (A, B_1, B_2, B_3 und E) erhöht sich während des Keimprozesses beträchtlich, und die Mineralstoffe (Kalzium, Phosphor, Magnesium, Lecithin) können vom Körper leichter aufgenommen werden.

So keimt Sesam

Die Samen werden etwa vier Stunden in Wasser eingeweicht. Anschließend läßt man sie maximal zwei Tage lang bei einer Temperatur von 21° C keimen und spült sie dabei zweimal täglich gründlich unter fließendem Wasser. Danach ist der Keim etwa 2 mm lang.

Sesamsaat ist allerdings schwer zum Keimen zu bringen.

Sojabohnen
Glycine soja

Die Sojabohne ist wohl die vielseitigste Hülsenfrucht, die wir kennen. Sie wird auch als gelbe Sojabohne oder Ölbohne bezeichnet.

Im ostasiatischen Raum ist sie eines der Grundnahrungsmittel. Sie ist sehr eiweißhaltig (37 Prozent) und fettreich (18 Prozent) und enthält viele wichtige Vitamine (A, B_1, B_2, B_3, C und K) und Mineralstoffe (Eisen, Phosphor, Kupfer, Mangan, Magnesium, Kalzium). Sojabohnen kann man mahlen und als Zusatz beim Brotbacken verwenden, man kann aus ihnen Milch und Tofu, den berühmten Sojaquark, sowie die nicht weniger bekannte würzige Sojasoße herstellen oder die Bohnen wie ein Gemüse kochen.

Ganz nebenbei: Sojabohnen werden auch zur Herstellung von Seifen, Waschmitteln, Farben, Kunststoffen sowie als hochwertiges Viehfutter verwendet.

Sojabohnen schmecken auch als Sprossen und da am besten, wenn man sie vor dem Verzehr in wenig Fett röstet. So entwickeln sie einen nußartigen Geschmack. Auf jeden Fall sollten Sojasprossen wie Kichererbsensprossen vor ihrer Verwendung kurz gedünstet und nicht roh verzehrt werden.

So keimen Sojabohnen

Die Sojabohnen werden zwölf Stunden in Wasser eingeweicht. Anschließend läßt man sie etwa drei Tage lang bei einer Temperatur von am besten 18° C keimen. Während dieser Zeit sollten sie viermal täglich gründlich unter fließendem Wasser gespült werden.

Geerntet werden die Sprossen, wenn der Keim etwa 1 cm lang ist.

»Sprossenmix« (Rezept Seite 53), im Hintergrund ein bio-snacky-Keimgerät

Sonnenblumenkerne
Helianthus annuus

Ursprünglich von den Inkas gezüchtet, ist die Sonnenblume mit ihren großen, gelben Blüten bereits seit dem 16. Jahrhundert in unseren Gärten heimisch. Ihre Samen enthalten etwa 39 Prozent Fett, aus dem durch schonende Pressung das wertvolle Sonnenblumenöl gewonnen wird. Außerdem zeichnen sie sich durch einen hohen Gehalt an Eiweißstoffen (27 Prozent), Vitaminen (B_1, B_2, B_3, A, K, E, D) und Mineralstoffen (Kupfer, Mangan, Phosphor, Kalium, Kalzium, Magnesium, Zink, Kobalt, Jod, Fluor, Eisen) aus. Keine andere Pflanze sonst enthält übrigens so viel Eisen.

In der Küche werden Sonnenblumenkerne meist wie Nüsse verwendet, mit dem Vorteil, daß sie nicht so einen hohen Kaloriengehalt wie diese haben.

Sonnenblumensprossen können ganz ähnlich verwendet werden. Mit ihrem milden Geschmack verfeinern sie alle Salate, Suppen, Nachspeisen und das morgendliche Müsli.

So keimen Sonnenblumenkerne

Die geschälten Sonnenblumenkerne (nie Vogelfutter verwenden!) werden etwa zwölf Stunden eingeweicht. Anschließend läßt man sie zwei Tage lang bei mindestens 21° C keimen. Sonnenblumenkerne vertragen auch gut Temperaturen bis 30° C. Während dieser Zeit werden sie zwei- bis dreimal täglich gespült. Geerntet werden die Sprossen nach spätestens zwei Tagen, länger sollte man Sonnenblumenkerne nicht keimen lassen, sie schmecken sonst bitter. Der Keim hat dann etwa die Länge des Kernes.

Wer mag, kann die Sonnenblumensprossen auch in das Hydrogerät geben und sie dort in zwölf Tagen zu etwa 8 cm großen Pflänzchen heranwachsen lassen. Allerdings sollte man dabei darauf achten, daß die Temperatur nicht unter 21° C absinkt, damit die Pflänzchen ihren vollen nußartigen Geschmack entfalten können. Sie sind eine schmackhafte Beigabe zu allen Salaten.

Weizen
Triticum aestivum

Weizen ist das Getreide, das heutzutage auf der Welt am häufigsten angebaut wird. Funde belegen außerdem, daß er auch eine der ältesten Kulturpflanzen ist. Bereits die Ägypter kannten und schätzten ihn besonders wegen seines milden Geschmacks und seiner guten Backfähigkeiten.

Weniger bekannt ist, daß man auch mit den ganzen Weizenkörnern kochen und sie zum Beispiel zu Aufläufen und Salaten verarbeiten kann. Denn in unseren Breiten wird Weizen hauptsächlich gemahlen und zu Broten, Gebäck und Teigwaren verarbeitet. Üblicherweise benutzt man dazu leider nicht den frisch gemahlenen Weizen, sondern das weiße Auszugsmehl. Bei diesem fehlen die Randschichten und der Keim des Weizenkorns völlig und damit auch die meisten seiner wertvollen Inhaltsstoffe. Das ganze Weizenkorn enthält etwa 12 Prozent Eiweißstoffe, die Vitamine B_2, B_3, B_5, C und E und die Mineralstoffe Eisen, Phosphor, Magnesium, Zink und Kalzium.

Weizensprossen kann man in der Ernährung überaus vielfältig verwenden: Wann immer es geht, sollte man sie roh verzehren. So können sie über alle Salate, Rohkost und Obstspeisen gestreut werden, man kann sie zu Quark oder pikanten Soßen servieren. Außerdem können Weizensprossen auch die Grundlage für einen schmackhaften Salat oder für das morgendliche Frühstück bilden. Auch als Zusatz zum Backen sind sie geeignet. Besonders diejenigen, die erst anfangen, Sprossen in ihrer Ernährung zu verwenden, sollten mit Weizensprossen beginnen: Sie keimen unproblematisch, sind mild und leicht süßlich im Geschmack und schmecken geröstet nußartig.

So keimt Weizen

Der Weizen wird für zwölf Stunden eingeweicht. Anschließend läßt man ihn zwei bis drei Tage keimen und spült ihn während dieser Zeit zwei- bis dreimal täglich unter fließendem Wasser.

Wir ernten die Weizensprossen spätestens, wenn der Keim etwa die Länge des Kornes hat.

Weizensprossen kann man auch im Hydrogerät in acht bis zwölf Tagen zu Weizengras heranwachsen lassen. Es hat einen besonders hohen Chlorophyllgehalt und ist deshalb für die Ernährung so wertvoll. Mischen Sie es in sehr kleinen Portionen und sehr fein geschnitten unter den täglichen Salat. In Amerika wird aus Weizengras Saft hergestellt, der, in kleinen Portionen vor den Mahlzeiten getrunken, zur Heilung zahlreicher Zivilisationskrankheiten eingesetzt wird.

Sprossenmischungen

Ganz nach Geschmack können Sie schon beim Keimvorgang im Hinblick auf die spätere Verwendung Sprossenmischungen zusammenstellen. Ihrer Erfindungsgabe sind dabei keine Grenzen gesetzt.

Hier einige bewährte Beispiele:

Delikate Mischung

3 Eßlöffel Alfalfa
1 Eßlöffel Rettich

Würzige Mischung

1 Eßlöffel Linsen
1 Eßlöffel Mungobohnen
1 Eßlöffel Alfalfa
1 Teelöffel Senf oder
1 Teelöffel Rettich

Scharfe Mischung

2 Eßlöffel Mungobohnen
1 Eßlöffel Senf
1 Teelöffel Rettich

Milde Mischung

2 Eßlöffel Leinsamen
1 Teelöffel Rettich

Keime und Sprossen auf einen Blick

Samensorte	Einweich-zeit in Stunden	tägliche Spülvor-gänge	Keimdauer in Tagen	Länge des erntereifen Keims	Ertrag: Samen zu Sprossen	Wachs-tumszeit im Hydrogerät in Tagen	Größe des erntereifen Grünkrauts in cm
Alfalfa	5	2—3	3—5	3—5 cm	1:6	10	6
Bockshornklee	5	2—3	2	Samenlänge	1:4	10	4
Buchweizen	—	2	2—3	0,5 cm	1:3	14	8
Erbsen	12	4	3	Erbsenlänge	1:2	—	—
Gerste	12	2	2—3	Kornlänge	1:2,5	—	—
Hafer	4	2	2—3	Kornlänge	1:2	—	—
Hirse	8	3	3	0,2 cm	1:2	—	—
Kichererbsen	12	4	3	0,5 cm	1:4	—	—
Kresse	6	2	2	Samenlänge	1:2	6—8	4
Kürbis	16	3	3	0,3 cm	1:2	—	—
Leinsamen	4	4	2	Samenlänge	1:1,5	—	—
Linsen	8—10	3	3	2 cm	1:5—6	—	—
Lunjabohnen	10—12	1—2	3	Bohnenlänge	1:4	—	—
Mungobohnen	12	2—3	4—6	2—5 cm	1:5—6	—	—
Reis	12	2—3	3	Kornlänge	1:2,5	—	—
Rettich	4	3—4	2—4	0,3 cm	1:3	10—12	4
Roggen	12	2	2—3	Kornlänge	1:2,5	—	—
Senf	6	1	2—3	1 cm	1:2	8—12	5—6
Sesam	4	2	2	0,2 cm	1:1,5	—	—
Sojabohnen	12	4	3	1 cm	1:4	—	—
Sonnenblumenk.	12	2—3	2	Kernlänge	1:3	12	8
Weizen	12	2—3	2—3	Kornlänge	1—2,5	8—12	8—10

Kochen mit Keimen und Sprossen

Einführung

Alle Rezepte sind, wenn nicht anders vermerkt, für vier Personen berechnet.

Der Appetit der Leute ist ja bekanntlich recht unterschiedlich. Sicher werden Sie aber sehr schnell herausfinden, ob Sie die angegebenen Mengen übernehmen können oder variieren müssen. In vielen Fällen wurde bei den Gewürzen und Kräutern ganz bewußt auf eine Mengenangabe verzichtet, hier sollte jeder nach seinem persönlichen Geschmack gehen. Nehmen Sie überhaupt alle Rezepte mehr als Anregung denn als Vorschrift, haben Sie den Mut, nach Lust und Laune zu experimentieren.

Auch auf die Angabe von Kalorien und Joule wurde bewußt verzichtet. Ihnen wird sicherlich beim Durchlesen der Rezepte auffallen, daß ich weder normales Haushaltsmehl noch Zucker oder Fleisch verwende. »Gesund kochen mit Sprossen und Keimen« findet hier auf der Grundlage einer naturbelassenen Vollwertkost statt. Bei ihr braucht man sich in der Regel nicht um »seine schlanke Linie« zu sorgen. Das liegt an den sättigenden Ballaststoffen in Vollkorn- und Rohkostgerichten, am Verzicht auf das Fett im Fleisch und am Verzicht auf Zucker und aus Zucker hergestellten Nahrungsmitteln.

Alle Zutaten, die in den Rezepten angeführt sind, erhalten Sie in Reformhäusern oder Naturkostläden. Dort können Sie übrigens auch, wenn Sie noch keine eigene Getreidemühle besitzen, das Getreide frisch mahlen lassen. Sie sollten es dann allerdings am selben Tag verbrauchen.

Und nun viel Spaß beim Ausprobieren der Rezepte und guten Appetit!

Frühstück, Vorspeisen und kleine Zwischenmahlzeiten

Tomaten-Sprossen-Toast

Zutaten für eine Person:
1 Scheibe Vollkorntoast
etwas Butter
1 große Tomate
Kräutersalz
Pfeffer
Oregano
2 El Mungobohnensprossen
geriebener Käse nach Geschmack

Zubereitung:
Das Brot im Toaster kurz vortoasten.
 Anschließend mit Butter bestreichen und mit der in Scheiben geschnittenen Tomate belegen. Mit Kräutersalz, Pfeffer und Oregano bestreuen.
 Anschließend die Mungobohnensprossen darauf verteilen und alles dick mit geriebenem Käse bestreuen.
 Im heißen Ofen überbacken, bis der Käse geschmolzen ist.
(Siehe Foto Seite 95)

Sprossentoast mit Ei

Zutaten für eine Person:
1 Scheibe Vollkorntoast
etwas Butter
1/2 hartgekochtes Ei
1/2 Tasse Rettich- und Alfalfasprossen gemischt
1 zerdrückte Knoblauchzehe
Kräutersalz
frisch gemahlener Pfeffer
eine Scheibe Käse nach Geschmack

Zubereitung:
Das Toastbrot vorgrillen, mit Butter bestreichen und mit Eischeiben belegen. Darauf die Sprossenmischung verteilen. Leicht salzen und pfeffern und nach Geschmack mit der zerdrückten Knoblauchzehe würzen. Obendrauf eine Scheibe Käse geben. Im heißen Backofen überbacken, bis der Käse geschmolzen ist.
(Siehe Foto Seite 95)

Weizenkeimmüsli

Zutaten:
200—300 g Weizensprossen
2 El Rosinen
1 El Sonnenblumenkerne
1 El Leinsamen
1 Tl Honig
1 Tasse Milch, Sahne, Joghurt oder Dickmilch
2 Äpfel
200 g frisches Obst (beliebig, der Jahreszeit entsprechend)

Zubereitung:
Die Weizensprossen mit den Rosinen, den Sonnenblumenkernen, den Leinsamen und der Milch (oder einem der anderen zur Auswahl stehenden Milchprodukte) vermischen. Nach Bedarf mit etwas Honig süßen.
 Die Äpfel fein reiben und zusammen mit dem gewaschenen und zerkleinerten Obst unterheben.

Variation:
Statt der Weizensprossen können Sie ganz nach Geschmack auch andere Getreidesprossen oder eine Mischung verwenden.
 Allerdings empfiehlt es sich, die einzelnen Getreidearten immer getrennt zum Keimen aufzustellen, da sie unterschiedliche Keimzeiten haben.

Sprossenmix

Zutaten:
1 Tasse Sonnenblumensprossen
1 Tasse Weizensprossen
1/2 Tasse Mungobohnensprossen
1/2 Tasse ungeschwefelte Rosinen
1/2 Tasse Haselnüsse
etwas Zitronensaft

Zubereitung:
Am Abend vorher die Rosinen und die Haselnüsse in zwei kleine Schüsseln geben, knapp mit Wasser bedecken und über Nacht eingeweicht stehenlassen.
 Am nächsten Tag die Sonnenblumensprossen mit den Weizen- und Mungobohnensprossen vermischen.
 Das Einweichwasser der Haselnüsse weggießen (die Haselnüsse schmecken durch das Einweichen wie frisch geerntet) und die Nüsse zusammen mit den Rosinen und deren Einweichwasser zu der Sprossenmischung geben und alles vermischen.
 Das Ganze mit etwas Zitronensaft abschmecken.
(Siehe Foto Seite 45)

Variation:
Wer mag, kann auch noch etwas frisches Obst dem Sprossenmix hinzufügen und/oder einen Joghurt oder Dickmilch unterrühren.

Gefüllte Gurkenstücke

Zutaten:
1 Salatgurke
250 g Quark
etwas Milch
Kräutersalz
frisch gemahlener Pfeffer
1 Knoblauchzehe
1 Bund Schnittlauch
1 Tasse Mungobohnensprossen
zum Bestreuen:
Sonnenblumenkerne
Schnittlauch oder Kresse

Zubereitung:
Die Enden der Gurke abschneiden und den Rest in etwa vier gleich große Stücke schneiden. Jedes Gurkenstück aushöhlen, dabei einen etwa 1/2 cm dicken Rand stehenlassen. (Das Innere für Suppen, Salate oder eine Gurkenmaske verwenden.)
Den Quark mit etwas Milch cremig rühren und mit Kräutersalz und frisch gemahlenem Pfeffer und der zerdrückten Knoblauchzehe abschmecken. Den Schnittlauch in feine Röllchen schneiden, zusammen mit den Mungobohnensprossen unter den Quark heben und die Gurkenstückchen damit füllen. Mit den Sonnenblumenkernen und ein paar Schnittlauchröllchen bestreuen.
An einem heißen Sommertag ist dies eine erfrischende, leichte Vorspeise.

Gefüllte Paprika mit Hüttenkäse

Zutaten:
4 kleine Paprikaschoten
400 g Hüttenkäse
Kräutersalz
Pfeffer
1 Knoblauchzehe
2 Tassen Sprossenmischung Nr. 12 der Goldbachmühle
oder 2 Tassen Alfalfa- und Rettichsprossen gemischt

Zubereitung:
Die Paprika waschen, einen Deckel abschneiden und vom Kerngehäuse befreien.
Den Hüttenkäse mit dem Kräutersalz, dem Pfeffer und der zerdrückten Knoblauchzehe pikant abschmecken, die Sprossenmischung etwas auseinanderzupfen und unterheben.
Das Ganze in die ausgehöhlte Paprika füllen, eventuell mit Tomatenachteln garnieren und auf Salatblättern angerichtet servieren.
(Siehe Foto Seite 55)

Im Vordergrund »Gefüllte Eier« (Rezept Seite 57) und »Gefüllte Paprika« (Rezept Seite 54), im Hintergrund »Bunter Sprossensalat« (Rezept Seite 63) und eine Keimfrischbox

Gefüllte Eier

Zutaten:
4 Eier
3 El saure Sahne oder Joghurt
3 El Quark
Kräutersalz
1 El Rettichsprossen
1 El Alfalfasprossen

Zubereitung:
Die Eier 10 Minuten hart kochen, abschrecken und nach dem Abkühlen längs halbieren.

Die Eigelbe herausnehmen, mit einer Gabel längs zerdrücken und mit dem Quark und der sauren Sahne (oder dem Joghurt) mischen. Mit dem Kräutersalz abschmecken.

Die Alfalfa- und Rettichsprossen unterheben und die fertige Füllung in die Eihälften verteilen.

Gefüllte Eier kann man ganz ausgezeichnet zu Salatplatten, Kartoffelsalat, zu Getreidesalaten oder zu Vollkornbutterbroten servieren.
(Siehe Foto Seite 55)

Variation:
Ganz nach Geschmack können Sie die Füllung auch mit Senf, Paprika oder Tomatenmark würzen und nach Belieben mit einigen Sprossen oder Olivenhälften garnieren.

Getreidesprossenomelett

Zutaten:
2 Eier
etwas Salz
2 El Getreidesprossen nach Geschmack (Weizen, Hafer, Gerste)
30 g Butter

Zubereitung:
Die Eigelbe schaumig rühren.

Die Eiweiße zu steifem Schnee schlagen, auf die Eigelbe geben und leicht salzen und zusammen mit den Getreidesprossen vorsichtig unter den Eischnee heben.

Die Butter in einer Pfanne zerlassen, die Masse hineingeben und auf kleiner Flamme nur von der Unterseite her leicht bräunen. Das Omelett auf eine vorgewärmte Platte gleiten lassen, beliebig füllen und zusammenklappen. Gleich servieren.

Bunte Salate mit Sprossen

Kopfsalat mit Kresse

Zutaten:
1 Kopfsalat
1 Handvoll Brunnenkressespitzen
1 Handvoll breitblättrige Gartenkresse
2 El Kressesprossen

Für die Marinade:
1/8 l Joghurt
2 El Öl
etwas Zitronensaft
Kräutersalz
frisch gemahlener Pfeffer

Zubereitung:
Den Kopfsalat putzen, waschen und eventuell zerkleinern.
Die Brunnenkressespitzen und die Gartenkresse ebenfalls waschen und gut abtropfen lassen.
Ein Drittel der beiden Kressesorten fein hacken.
Den Joghurt mit dem Öl, dem Zitronensaft, dem Kräutersalz und dem Pfeffer verrühren und die feingehackte Kresse unterrühren.
Die restliche Kresse, die Kressesprossen zusammen mit der Marinade zum Kopfsalat geben und alles miteinander vermengen.
Gleich servieren!

Kohlrabisalat mit Weizensprossen

Zutaten:
2 mittelgroße Kohlrabi
1—2 Orangen
1 Tasse Weizensprossen

Für die Marinade:
Saft einer Orange
Saft einer halben Zitrone
3 El Sonnenblumenöl
4 El Sahne
1 Prise Meersalz
frisch gemahlener Pfeffer
1 Prise Ingwer

Zubereitung:
Die Kohlrabi schälen, dabei die oberen kleinen grünen Blättchen zurückbehalten und in dünne Stifte schneiden.
Die Orange ebenfalls schälen und in Würfel schneiden.
Beides in eine Schüssel geben und mit den Weizensprossen vermischen.
Aus dem Orangen-, Zitronensaft, dem Öl und der Sahne eine Marinade rühren, diese mit den Gewürzen abschmecken und mit den Salatzutaten vermischen. Die grünen Kohlrabiblättchen hacken, darüberstreuen und den Salat gleich servieren.

Bunter Eissalat

Zutaten:
1 Eissalat oder eine entsprechende Menge bunt gemischter Pflücksalate aus dem Garten
1/2 Salatgurke oder eine kleine Zucchini
250 g Erdbeeren
200 g Frischkäse
4 El Sonnenblumensprossen

Für die Marinade:
1/8 l süße Sahne
3 El Sonnenblumenöl
1 El Obstessig oder Zitronensaft
1 El Tomatenketchup
Kräutersalz
frisch gemahlener Pfeffer

Zubereitung:
Den Salat waschen, putzen, trocknen und zerpflücken.
 Die Salatgurke oder die Zucchini waschen, gegebenenfalls schälen und in Scheiben schneiden.
 Die Erdbeeren waschen, putzen und — je nach Größe — halbieren oder vierteln.
 Alles in einer Schüssel anrichten.
 Den Frischkäse zerbröckeln und zusammen mit den Sonnenblumensprossen darüber verteilen.
 Aus den übrigen Zutaten eine Marinade rühren, über den Salat gießen und sofort servieren.
(Siehe Foto Seite 65)

Linsensprossen-Gurken-Salat

Zutaten:
1 große Salatgurke
1 Tasse Linsensprossen
1 Lauchzwiebel
2 Bund Schnittlauch

Für die Marinade:
250 g Joghurt
Saft einer halben Zitrone
1/2 Tl Senf
1/2 Tl Kräutersalz
frisch gemahlener Pfeffer
1 Knoblauchzehe

Zubereitung:
Die Gurke waschen, eventuell schälen und sehr grob raspeln.
 Die Lauchzwiebel in feine Ringe und den Schnittlauch in Röllchen schneiden.
 Den Joghurt mit dem Zitronensaft verrühren und mit dem Kräutersalz, dem Pfeffer, dem Senf und der zerdrückten Knoblauchzehe würzen.
 Alle Salatzutaten mit der Marinade vermischen und sofort servieren.

Radieschensalat mit Kresse

Zutaten:
2 Bund Radieschen
75 g milder Schnittkäse (zum Beispiel Edamer)
1 hartgekochtes Ei
1 Bund Schnittlauch
4 El Kresse (7 Tage gekeimt)

Für die Marinade:
2 El Obstessig
2 El Sonnenblumenöl
1 Tl Senf
Kräutersalz
frisch gemahlener Pfeffer

Zubereitung:
Die Radieschen waschen, putzen und in dünne Scheiben schneiden.
    Den Käse und das Ei in kleine Würfel, den Schnittlauch in Röllchen schneiden.
    Den Essig mit dem Sonnenblumenöl verrühren und mit dem Senf, Kräutersalz und Pfeffer würzen.
    Alle Salatzutaten vorsichtig miteinander vermengen. Die Marinade darübergießen, unterheben und den Salat sofort servieren.

Getreidesprossensalat

Zutaten:
1 Tasse Getreidesprossen (von Weizen, Gerste, Hafer oder Roggen)
1 Tasse Sauerkraut
250 g Weintrauben

Für die Marinade:
100 g süße oder saure Sahne
2 El Öl
1 El Sojasauce
1/2 Tl Ingwer
Pfeffer
Kräutersalz
2 El Alfalfasprossen zum Bestreuen

Zubereitung:
Die Weintrauben waschen, halbieren und entkernen.
    Das Sauerkraut auseinanderpflükken und das Kraut und die Trauben mit den Getreidesprossen vermischen.
    Die Sahne mit dem Öl und der Sojasauce zu einer Marinade verrühren und mit dem Ingwer, Kräutersalz und Pfeffer abschmecken. Die Marinade unter den Salat ziehen und alles mit den Alfalfasprossen bestreuen.
    Vor dem Verzehr etwa 1/2 Stunde zugedeckt ziehen lassen.

Reissalat mit Erbsensprossen

Zutaten:
150 g Naturreis
3/8 l Wasser
1/2—1 Gemüsebrühwürfel
250 g Erbsensprossen
1 Tl Curry
1 El Kapern
2—4 El Alfalfasprossen

Für die Marinade:
1/8 l saure Sahne oder Joghurt
Saft 1/2 Zitrone
1 El Senf
Kräutersalz
1 Zwiebel
2—4 El gehackte gemischte Küchenkräuter (ersatzweise auch nur Schnittlauch oder Petersilie)

Zubereitung:
Den Reis waschen und mit dem Wasser und dem Gemüsebrühwürfel zum Kochen bringen. Auf kleiner Flamme etwa 35—40 Minuten garen.

Nach 25 Minuten Kochzeit die Erbsensprossen hinzufügen und eventuell noch etwas Wasser nachgießen.

Den Reis mit dem Curry würzen und abkühlen lassen.

Aus der sauren Sahne, dem Zitronensaft und dem Senf eine Marinade rühren, mit Kräutersalz abschmecken und die fein gewürfelte Zwiebel sowie die Küchenkräuter unterheben.

Die Marinade zusammen mit den Alfalfasprossen und den Kapern zu dem Erbsensprossenreis geben, alles vorsichtig miteinander vermengen und bis zum Servieren 1 Stunde gut durchziehen lassen.

Dieser Reissalat eignet sich ausgezeichnet als Mittagsmahlzeit für Arbeitsplatz und Schule, denn er läßt sich sehr gut verpacken.

Sojasprossensalat

Zutaten:
200 g Mungobohnensprossen
4 Tomaten

Für die Marinade:
3 El Joghurt oder saure Sahne
2 El Sonnenblumenöl
1 Tl Kräutersalz
1/2 Tl Curry
1/4 Tl getrocknetes Basilikum

Zubereitung:
Aus dem Joghurt, dem Sonnenblumenöl und den Gewürzen eine Marinade rühren und mit den Mungobohnensprossen vermischen. Die Tomaten achteln und den Salat damit garnieren.

Roggensprossensalat

Zutaten:
250 g Roggensprossen
150 g Möhren
2 Äpfel
50 g Haselnüsse

Für die Marinade:
1 Becher Joghurt oder saure Sahne
2 El Zitronensaft
Kräutersalz

Zubereitung:
Die Möhren sauber bürsten, die Äpfel waschen, vom Kerngehäuse befreien. Falls nötig, beides schälen und anschließend grob raspeln.
Die Nüsse hacken und zusammen mit den geraspelten Möhren und Äpfeln zu den Roggensprossen geben. Alles miteinander vermengen.
Aus dem Joghurt (oder der sauren Sahne) mit dem Zitronensaft eine Marinade zubereiten und mit Kräutersalz abschmecken. Die Marinade unter den Salat heben.

Wildkräutersalat mit Weizensprossen

Schon sehr zeitig im Frühjahr können Sie die Hauptzutaten für diesen vitaminreichen Salat abseits von befahrenen Straßen und gedüngten Wiesen finden. Es eignen sich dazu: Löwenzahn, Sauerampfer, zarte junge Brennesselblätter, Blätter und Blüten der Gänseblümchen, Brunnenkresse, Schafgarbe, Wiesenschaumkraut...

Zutaten:
200—250 g gemischte Wildkräuter
1 Tasse Weizensprossen
50 g gehackte Haselnüsse

Für die Marinade:
3 El Sonnenblumenöl
1 El Zitronensaft
5 El Dickmilch
Kräutersalz
frisch gemahlener Pfeffer

Zubereitung:
Die Wildkräuter waschen, sorgfältig trocknen und in Streifen schneiden.
Aus dem Sonnenblumenöl, dem Zitronensaft und der Dickmilch eine Marinade rühren und diese mit Kräutersalz und dem frisch gemahlenen Pfeffer würzen.
Zusammen mit den gehackten Haselnüssen und den Weizensprossen mit den Wildkräutern vermischen und sofort servieren.

Bunter Sprossensalat

Zutaten:
2 Tassen Sprossenmischung (Linsen, Rettich, Alfalfa und Mungobohnen)
1 kleiner Kopfsalat oder eine entsprechende Menge Pflücksalat aus dem Garten
1 Apfel
2 Tomaten
1 kleine Zwiebel
150 g Schafskäse

Für die Marinade:
3 El Öl
1 El Zitronensaft
1/2 Knoblauchzehe
1 El gehackte Petersilie
1 Tl Senf
Kräutersalz
frisch gemahlener Pfeffer

Zubereitung:
Die Sprossenmischung grob auseinanderzupfen.
 Den Apfel und die Zwiebel in feine Würfel schneiden, die Tomaten achteln, den Schafskäse grob zerbröckeln.
 Aus den übrigen Zutaten eine Marinade herstellen.
 Alle Zutaten locker miteinander vermischen und die Marinade darübergeben. Vorsichtig unterheben und gleich servieren.
(Siehe Foto Seite 55)

Sojasprossensalat mit Kresse

Zutaten:
200—250 g Mungobohnensprossen
1 Bund Radieschen
1 Handvoll Kresse (7 Tage gekeimt) oder eine entsprechende Menge Gartenkresse

Für die Marinade:
1 kleine Zwiebel
1 Knoblauchzehe
3 El Öl
1 El Essig
1 El Wasser
1 Tl Honig
Kräutersalz
frisch gemahlener Pfeffer

Zubereitung:
Die Radieschen waschen, putzen und in Scheiben schneiden.
 Den Essig mit dem Wasser und dem Öl verschlagen, die Zwiebelwürfel und die zerdrückte Knoblauchzehe unterrühren und mit Kräutersalz, Pfeffer und dem Honig würzen.
 Die Marinade mit den Mungobohnen, der Kresse und den Radieschenscheiben mischen und den Salat gleich servieren.

Weizensprossensalat

Zutaten:
200 g Hüttenkäse
2 El Zitronensaft
Kräutersalz
200 g Weizensprossen
1 großer Apfel
1 Orange
100 g Feldsalat

Zubereitung:
Den Hüttenkäse mit dem Zitronensaft und Kräutersalz abschmecken und unter die Weizensprossen heben.
Den Apfel waschen, eventuell schälen, die Orange ebenfalls schälen, beides würfeln und dazugeben.
Den Feldsalat waschen, putzen und abtropfen lassen.
Den Weizensprossensalat auf dem Feldsalat anrichten oder ihn damit garnieren.

Möhren-Pastinaken-Salat mit Sprossen

Zutaten:
4 Möhren
2—3 Pastinaken
1 Tasse Kresse (7 Tage gekeimt)
oder eine Keimmischung aus Kresse, Rettich und Alfalfa

Für die Marinade:
1/8 l Joghurt oder saure Sahne
2 El Öl
Zitronensaft
Kräutersalz
junge Zwiebel- oder Knoblauchtriebe

Zubereitung:
Die Möhren und Pastinaken waschen, gründlich abbürsten und nur wenn unbedingt nötig schälen.
Auf der Rohkostreibe ganz nach Geschmack fein oder grob raspeln und mit der Kresse oder der Keimmischung vermengen.
Aus dem Joghurt, dem Öl, Zitronensaft und Kräutersalz eine Marinade rühren und nach Belieben die Zwiebeltriebe und/oder die zarten, jungen, grünen Knoblauchspitzen unterrühren.
Die Marinade über die geraspelten Wurzeln gießen, vorsichtig unterrühren und gleich servieren.

»Tomatensuppe« (Rezept Seite 72) und »Bunter Eissalat« (Rezept Seite 59), im Hintergrund ein Biokosma Hydrogerät

Käse-Obst-Salat mit Roggensprossen

Zutaten:
100 g Weintrauben
100 g Orangen
200 g Ananas (frisch oder aus der Dose)
200 g milder Käse (Edamer, junger Gouda)
4—8 El Roggensprossen

Für die Marinade:
150 g Joghurt
2 El Ananassaft
1 Tl Senf
Kräutersalz
frisch gemahlener Pfeffer

Zubereitung:
Die Weintrauben halbieren und entkernen.
  Die Orange und die Ananas schälen und in Würfel, den Käse in feine Stifte schneiden.
  Die Roggensprossen in einer trockenen Pfanne rösten, bis sie anfangen zu duften, vom Herd nehmen.
  Alle Salatzutaten miteinander vermengen.
  Den Joghurt mit dem Ananassaft verrühren und mit dem Senf, Kräutersalz und frisch gemahlenen Pfeffer abschmecken. Die Marinade über die Salatzutaten gießen, vorsichtig unterheben und sofort servieren.

Kohlrabirohkost

Zutaten:
500 g Kohlrabi
1 mittelgroßer Apfel
50 g Spinatblätter
2 El Weizensprossen

Für die Marinade:
1 El Zitronensaft
1 Becher Joghurt
50 g Rosinen oder 1 El Sanddorn oder 1 El Honig
1 El feingehackter Kerbel
1 El feingehackter Estragon
1 El feingehackter Dill
Kräutersalz

Zubereitung:
Die Kohlrabi waschen, schälen und die feinen grünen Blätter zurückbehalten.
  Die Kohlrabi zusammen mit dem Apfel raspeln.
  Den Joghurt mit dem feingehackten Estragon, Kerbel, Dill und den Kohlrabiblättchen verrühren und mit Kräutersalz und entweder dem Honig, dem Sanddorn oder den Rosinen würzen.
  Die Marinade mit den Kohlrabi und dem Apfel vermengen, alles auf den Spinatblättern anrichten und mit den Weizensprossen bestreuen.

Obstsalat mit Gerstensprossen

Zutaten:
200 g Gerstensprossen
1 Apfel
1 Orange
1 Banane
1 El gehobelte Mandeln

Für die Marinade:
1/8 l süße Sahne
1/2 Tl gemahlener Fenchel
1/2 Tl Koriander
1 Tl Delifrut oder Zimt
1—2 Tl Honig (nach Geschmack)

Zubereitung:
Den Apfel und die Orange in kleine Stücke, die Banane in Scheiben schneiden.

Alles mit den Gerstensprossen vermischen.

Die Sahne halbsteif schlagen und mit dem Fenchel, dem Koriander, dem Zimt und eventuell dem Honig würzen.

Die Marinade unter den Salat ziehen und alles mit den gehobelten Mandeln bestreuen.

Sprossensuppen

Bunte Sprossensuppe

Zutaten:
1 Tasse Lunjabohnensprossen
1 Tasse Mungobohnensprossen
1 Tasse Erbsensprossen
1 Tasse Kichererbsensprossen
1 Tasse Linsensprossen
2 Möhren
4 Mangoldblätter
einige Spinatblätter
1 Stange Lauch
2 Knoblauchzehen
1 Stück Sellerieknolle
3 El Olivenöl
Petersilie
Liebstöckel
Basilikum
2 Gemüsebrühwürfel
Kräutersalz
geriebener Käse zum Bestreuen

Zubereitung:
Die Möhren, die Mangold- und Spinatblätter, den Lauch und das Stück Sellerieknolle waschen, putzen und kleinschneiden.

Die Sprossen mit dem kleingeschnittenen Gemüse, den feingehackten Kräutern und den zerdrückten Knoblauchzehen in dem Olivenöl andünsten und mit etwa 1 1/2 l Gemüsebrühe auffüllen. Die Suppe auf kleiner Flamme 15—20 Minuten kochen lassen. Anschließend mit Kräutersalz abschmecken und mit einigen Basilikumblättern bestreuen.

Den geriebenen Käse entweder unterrühren oder getrennt dazu reichen.

Meine Gemüsebrühe mit Sprossen

Zutaten:
etwa 300 g Gemüse (Möhren, Sellerie, Petersilienwurzeln, Pastinaken, rote Bete, Lauch, Kohlrabi, Weißkohl)
3 El Öl
1 Zwiebel
etwa 100 g frische Kräuter (Liebstöckel, Petersilie, Mangold oder Spinat, Brennesseln, Kapuzinerkresse gemischt)
1 Lorbeerblatt
2 Pfefferkörner
1 Pimentkorn
Kräutersalz
1—1 1/2 l Wasser
100—150 g Linsen- und Mungobohnensprossen gemischt
4 El Alfalfasprossen
etwas Kresse

Zubereitung:
Das Gemüse und die Zwiebel putzen, in schmale Streifen schneiden und in einem Topf in dem Öl kräftig anbraten.

Mit dem Wasser auffüllen, die Gewürze (Lorbeerblatt, Pfefferkörner, Piment und Kräutersalz) hinzufügen und alles etwa 30 Minuten auf kleiner Flamme garen lassen.

Die kleingeschnittenen Kräuter hinzugeben und noch einmal 15 Minuten kochen lassen.

Anschließend die Suppe durch ein Sieb streichen, die Linsen- und Mungosprossen 5 Minuten darin ziehen, aber nicht mehr kochen lassen.

Vor dem Servieren die Alfalfasprossen und die Kresse darüberstreuen.

Wenn Sie es eilig haben, können Sie eine Gemüsebrühe auch mit gekörnter Brühe auf Hefeextraktbasis oder mit Gemüsebrühwürfeln herstellen.

Pürierte Erbsensprossensuppe

Zutaten:

300 g getrocknete grüne Erbsen
2 l Wasser
2 Petersilienstengel
2 Sellerieblätter
1 Lorbeerblatt
1 Tl getrockneter Thymian
250 g Möhren
1 große Zwiebel
1 Stange Lauch
100 g Salat-, Spinat- oder Mangoldblätter
1 Tl Salz
2 Gemüsebrühwürfel
2 Tassen Erbsensprossen
1 El Butter
Kräutersalz
frisch gemahlener Pfeffer
1 El Hefeflocken
gehackte Petersilie zum Bestreuen

Zubereitung:

Die getrockneten Erbsen waschen und in 2 l kochendes Wasser schütten. Die Petersilienstengel, die Sellerieblätter, das Lorbeerblatt und den Thymian hinzufügen und alles halbzugedeckt 1/2—1 Stunde kochen lassen, bis die Erbsen nahezu weich sind.

Die Möhren und die Zwiebel in Würfel, den Lauch in feine Ringe und den Spinat grob in Streifen schneiden und zusammen mit dem Salz und den Gemüsebrühwürfeln zu den Erbsen geben. Weitere 20 Minuten kochen lassen.

Die Petersilienstengel, die Sellerieblätter und das Lorbeerblatt entfernen und die Suppe pürieren.

Die Erbsensprossen hinzufügen und 5 Minuten in der Suppe ziehen lassen. Vor dem Servieren die Butter in die Suppe rühren, mit Kräutersalz, Pfeffer und Hefeflocken abschmecken und mit der gehackten Petersilie bestreuen.

Kartoffelsuppe mit Sprossen

Zutaten:
500 g Kartoffeln
1 l Wasser
2 Gemüsebrühwürfel
1 Tl getrockneter Majoran
1 Tl getrocknetes Basilikum
50 g geriebener Käse
2 Tassen Linsen- oder Mungobohnensprossen oder beides gemischt
Kräutersalz
frisch gemahlener Pfeffer
2 El Alfalfasprossen

Zubereitung:
Die Kartoffeln waschen und weich kochen. Anschließend pellen und noch warm durch die Kartoffelpresse oder ein Sieb drücken.
Inzwischen das Wasser mit den Gemüsebrühwürfeln, dem Majoran und dem Basilikum aufkochen.
Die gepreßten Kartoffeln in die Brühe geben, nicht mehr kochen. Den geriebenen Käse und die Linsen- und Mungobohnensprossen in der heißen Suppe 5 Minuten ziehen lassen.
Mit Kräutersalz und frisch gemahlenem Pfeffer abschmecken und die Suppe mit den Alfalfasprossen bestreuen.

Tomatensuppe

Zutaten:
3 El Öl
1 Zwiebel
etwa 500 g Tomaten
1 l Gemüsebrühe
Kräutersalz
frische Basilikumblättchen
frischer Thymian
frisches Rosmarin
1/2 Becher Joghurt
1—2 Knoblauchzehen
2 Tassen Mungobohnensprossen
etwas Kresse zum Garnieren

Zubereitung:
Die Zwiebel in kleine Würfel schneiden und in dem Öl andünsten. Die Tomaten am Stielende kreuzweise einschneiden, mit kochendem Wasser überbrühen und die Haut abziehen. Die geschälten Tomaten zur Zwiebel geben, kurz mitdünsten und mit der Gemüsebrühe ablöschen. Alles noch einmal aufkochen. Die Rosmarin-, Thymian- und Basilikumblättchen sowie die Mungobohnensprossen hinzufügen.
Den Joghurt unterrühren und die Suppe mit dem Kräutersalz und der zerdrückten Knoblauchzehe abschmecken und mit etwas Kresse garnieren.
Wer mag, kann bei Tisch etwas geriebenen Käse über die Suppe streuen.
(Siehe Foto Seite 65)

Hauptgerichte mit Sprossen

Große Sprossenrolle

Zutaten:

Für den Teig:
300 g Weizen (fein gemahlen)
1 Prise Salz
1 Ei
2 El Öl
1 Tl Essig
100–125 cm³ lauwarmes Wasser

Für die Füllung:
3 El Öl
1 kleine Zwiebel
500 g Sauerkraut
1 Tl Paprika
1 Tl Tomatenmark
Kräutersalz
frisch gemahlener Pfeffer
2–3 Tassen Mungobohnensprossen
2 Eier
3 El Joghurt
50 g geriebener Käse

Zum Bestreichen:
Etwas flüssige Butter oder 1 Eigelb und
1 El Wasser
(Siehe Foto Seite 75)

Zubereitung:
Aus dem frischgemahlenen Weizen etwa 50 g der anfallenden Kleie aussieben. Das Mehl zusammen mit den übrigen Teigzutaten so lange zu einem weichen Teig kneten, bis dieser geschmeidig ist und nicht mehr klebt.

Den Teig zur Kugel formen, mit etwas Öl bestreichen und mit einem Tuch bedeckt etwa 1 Stunde ruhen lassen.

In der Zwischenzeit die Füllung zubereiten. Dazu die feingehackte Zwiebel in dem Öl glasig dünsten. Das Sauerkraut hinzufügen und etwa 5 Minuten auf kleiner Flamme mitdünsten. Mit Paprika und Tomatenmark abschmecken.

Die Eier mit dem Joghurt und dem Käse verquirlen und mit dem Kräutersalz und Pfeffer würzen.

Zusammen mit den Mungobohnensprossen unter das gut abgetropfte Sauerkraut mengen.

Den Teig auf einem bemehlten Tuch strudeldünn zu einem Rechteck ausrollen. Die Sauerkraut-Sprossen-Mischung in die Mitte geben. Mit Hilfe des Tuches den Teig wie einen Strudel aufrollen und in eine große, gefettete Auflaufform gleiten lassen.

Mit der flüssigen Butter oder dem verquirlten Eigelb bestreichen. Die Form auf die mittlere Leiste in den kalten Backofen schieben und die Sprossenrolle bei 200° C etwa 45 Minuten backen.

Sprossenpastete

Zutaten:
200 g Weizen (grob geschrotet)
3/4 l Gemüsebrühe
1 Lorbeerblatt
2 mittelgroße Zwiebeln
250 g frische Champignons
2 Eier
100 g Käse
1 Tasse Weizensprossen
50 g Sonnenblumenkerne
1 Bund Petersilie
eventuell Vollkornbrösel
Kräutersalz
Pfeffer
Oregano
1 Tl Curry (nach Geschmack auch mehr)
1—2 Knoblauchzehen

Zubereitung:
Den grobgeschroteten Weizen in die kochende Gemüsebrühe einstreuen, das Lorbeerblatt hinzufügen, aufkochen lassen und 10—15 Minuten auf kleiner Flamme ausquellen lassen.

Die Champignons blättrig schneiden, die Zwiebel würfeln, den Käse reiben und die Petersilie hacken.

Die Eier verquirlen und unter den abgekühlten Weizenbrei heben. Anschließend die Weizensprossen und die übrigen Zutaten hinzufügen und alles miteinander vermischen.

Kräftig mit Kräutersalz, Pfeffer, Curry, Oregano und der zerdrückten Knoblauchzehe würzen.

Danach den Teig in eine gut gefettete Kastenform füllen, auf die unterste Leiste in den Backofen schieben und bei 200° C etwa 60 Minuten backen.

Die Sprossenpastete schmeckt warm und kalt.

»Große Sprossenrolle« (Rezept Seite 73), im Hintergrund ein Hawo-Tonkeimer

Linsensprossenauflauf mit Quark

Zutaten:
1 kg Möhren
4 Tassen Linsensprossen
150 g geriebener Käse
500 g Quark
etwas Milch
1 Ei
1 Zwiebel
1—2 Knoblauchzehen
Kräutersalz
Pfeffer
Paprika
Petersilie

Zubereitung:
Eine Auflaufform einfetten.
 Die Möhren waschen, eventuell schälen, in Scheiben schneiden und in die Auflaufform schichten. Leicht salzen und pfeffern.
 Die Linsensprossen darüber verteilen.
 Den Quark mit der Milch und dem Ei cremig rühren und mit Kräutersalz, Pfeffer und Paprika abschmecken. Den geriebenen Käse, die Zwiebelwürfel und die gehackte Petersilie sowie die zerdrückte Knoblauchzehe unter den Quark rühren.
 Die Quarkmischung auf das Gemüse geben, die Auflaufform auf die mittlere Leiste in den Backofen schieben und bei 200° C etwa 40 Minuten backen.
(Siehe Foto Seite 85)

Geschmorte Kichererbsensprossen

Zutaten:
2 El Öl
1 Zwiebel
3 Tassen Kichererbsensprossen
1 Tl gemahlener Koriander
1 Tl Kurkuma
1/2 Tl Cayennepfeffer
1/8 l Gemüsebrühe
500 g Tomaten
1 Tl getrocknetes Basilikum
1—3 Knoblauchzehen
3 El süße Sahne
1 El Zitronensaft
etwas gehackte Petersilie

Zubereitung:
Die feingewürfelte Zwiebel in dem Öl glasig dünsten.
 Die Kichererbsensprossen hinzufügen und mit dem Koriander, dem Kurkuma und dem Cayennepfeffer überstäuben.
 Die Gemüsebrühe hinzufügen und alles etwa 10 Minuten auf kleiner Flamme kochen lassen.
 Zu den gegarten oder gedünsteten Kichererbsensprossen die abgezogenen und gewürfelten Tomaten hinzufügen, die Sahne unterziehen und das Gericht mit dem Basilikum, den zerdrückten Knoblauchzehen und dem Zitronensaft abschmecken.
 Vor dem Servieren mit der gehackten Petersilie bestreuen.

Sprossenpfannkuchen

Zutaten:
250 g Weizen, Gerste, Hafer und Hirse gemischt, alles fein gemahlen
1/2 l Milch oder Kefir oder 3 Becher Joghurt
4 Eier
1 Tl Kräutersalz
4 El Hefeflocken
50—100 g geriebener Emmentaler Käse
1 Beutel Sprossenmischung Nr. 11 der Goldbachmühle oder 3 Tassen selbstgemischte Sprossen aus Alfalfa, Linsen, Mungobohnen und Rettich

Zubereitung:
Das feingemahlene Getreide mit dem Joghurt (bzw. der Milch oder dem Kefir) und den vier Eigelben verrühren.
    Die Mischung etwa 1/2 Stunde quellen lassen.
    Das Kräutersalz, die Hefeflocken und den geriebenen Käse in den Teig rühren.
    Die Eiweiße sehr steif schlagen und zusammen mit der Sprossenmischung unter den Teig heben.
    Etwas Fett in der Pfanne zerlassen und nacheinander die Pfannkuchen goldbraun backen.
    Dazu schmeckt eine große Schüssel bunt gemischter Salat.

Sprossenpizza

Zutaten:
Für den Teig:
250 g Weizen (fein gemahlen)
1/2 Tl Salz
1/2 Tl Kümmel
1/2 Tl Koriander
1 Ei
1 El Öl
1/8 l lauwarmes Wasser
20 g Hefe

Für den Belag:
500 g Tomaten
1 Zwiebel
2 Tl getrockneter Oregano
1 Tl getrocknetes Basilikum
1 Tl getrockneter Thymian
1 Tl Kräutersalz
frisch gemahlener Pfeffer
100 g Mungobohnen- und Linsensprossen (gemischt)
100—150 g geriebener Käse

Zubereitung:
Den feingemahlenen Weizen mit dem Salz, dem Kümmel und dem Koriander vermischen.
    Die Hefe in dem lauwarmen Wasser auflösen und zusammen mit dem Ei und dem Öl zum Getreide geben.
    Alles etwa 5 Minuten lang zu einem glatten, weichen Teig verkneten, der sich gut von der Schüssel lösen sollte.

Den Teig zu einer Kugel formen und zugedeckt an einem warmen Ort 1 Stunde gehen lassen, bis sich sein Volumen nahezu verdoppelt hat.

Danach den Teig noch einmal durchkneten und eine gut eingefettete Springform von etwa 26 cm Durchmesser damit auslegen.

Die Tomaten in Scheiben schneiden, die Zwiebel fein würfeln und beides auf dem Pizzaboden verteilen.

Mit Oregano, Basilikum, Thymian, Kräutersalz und frisch gemahlenem Pfeffer bestreuen.

Die Linsen- und Mungobohnensprossen darauf verteilen und alles mit dem geriebenen Käse bestreuen.

Die Pizza auf die unterste Leiste in den kalten Backofen schieben und bei 200° C etwa 35 Minuten backen.

Gebackene Kartoffelpuffer

Zutaten:
1 kg Kartoffeln
1 Zwiebel
50 g Weizen (fein gemahlen)
2 Eier
2 Tassen Roggensprossen
Kräutersalz
frisch gemahlener Pfeffer
Muskat
3 El Öl

Zubereitung:
Die Kartoffeln schälen, waschen und mit Hilfe eines Küchenmaschine mittelfein raspeln.

Die Zwiebel schälen und entweder in kleine Würfel schneiden oder ebenfalls raspeln. Den feingemahlenen Weizen zu der Kartoffel-Zwiebel-Mischung geben.

Alle Zutaten zusammen mit den Eiern und den Roggensprossen zu einem Teig verkneten und diesen kräftig mit Kräutersalz, Pfeffer und Muskat abschmecken.

Eine möglichst große Auflaufform oder ein Backblech mit dem Öl bestreichen und den Kartoffelteig darauf ausstreichen. Auf die mittlere Leiste in den kalten Backofen schieben und bei 220° C in etwa 40—50 Minuten knusprig braun backen. (Die Backzeit richtet sich ganz entscheidend nach der Dicke des Kartoffelpuffers.)

Zum gebackenen Kartoffelpuffer schmeckt ein pikanter Gemüsesalat oder Apfelmus und Preiselbeerkompott ganz ausgezeichnet.

Variation:
Statt der Roggensprossen können Sie auch Hafer-, Gersten- oder Weizensprossen verwenden.

Sprossen-Kartoffel-Knödel

Zutaten:
1 kg Kartoffeln
120—150 g Weizen (fein gemahlen)
2 Eier
2 Tassen Sprossenmischung Nr. 11 der Goldbachmühle oder 2 Tassen Alfalfa-, Rettich-, Mungobohnen- und Linsensprossen gemischt
etwas Vollkornmehl zum Formen der Knödel
50 g geriebener Parmesankäse

Zubereitung:
Die Kartoffeln waschen, knapp mit Wasser bedecken, zum Kochen bringen und etwa 15 Minuten auf kleiner Flamme garen.

Die fertiggekochten Kartoffeln abschrecken, pellen und durch ein Sieb oder eine Kartoffelpresse drücken.

Den feingemahlenen Weizen zusammen mit den Eiern und den Sprossen zu den zerdrückten Kartoffeln geben, mit Kräutersalz abschmecken und alles zu einem Teig verkneten.

Mit Hilfe von etwas Vollkornmehl den Teig zu einer Rolle formen und diese in 8 Scheiben schneiden und zu Knödeln formen (dabei eventuell die Hände etwas anfeuchten).

Etwa 2 l leicht gesalzenes Wasser aufkochen lassen, die Knödel hineingeben und im siedenden Wasser (nicht mehr sprudelnd kochen lassen) 20 Minuten garen.

Mit dem geriebenen Käse bestreut servieren.

Dazu gibt es entweder zerlassene Butter oder eine Kräutersoße und viel knackig-frischen Salat.

Gedünstete Erbsensprossen

Zutaten:
3—4 Tassen Erbsensprossen
20 g Butter
1 Zwiebel
1 Möhre
Liebstöckel
Sellerieblätter
Petersilie
2 El Hefeflocken
Kräutersalz

Zubereitung:
Die Zwiebel in feine Würfel, die Möhre in Scheiben schneiden, die Kräuter fein hacken.

Die Butter in einem Topf schmelzen, die Erbsensprossen, die Möhrenscheiben und Zwiebelwürfel sowie die gehackten Kräuter hinzufügen und alles etwa 10—15 Minuten lang dünsten.

Mit Kräutersalz abschmecken und mit Hefeflocken überstreuen.

Roggenauflauf

Zutaten:
250 g Roggen
1/2 l Wasser
1 Gemüsebrühwürfel
1 Tl getrocknetes Basilikum
1 Tl getrockneter Thymian
1 Tl getrockneter Oregano
1 Zwiebel
1 Knoblauchzehe
1 Bund Petersilie
300 g Tomaten
100 g geriebener Käse
2 Becher Joghurt
Kräutersalz
frisch gemahlener Pfeffer
2 Eier
50 g Mungobohnensprossen

Zubereitung:
Den Roggen über Nacht in 1/2 l Wasser einweichen.

Am nächsten Tag den Roggen in dem Einweichwasser zusammen mit dem Gemüsebrühwürfel, dem Thymian, Basilikum und Oregano aufkochen und auf kleiner Flamme etwa 1 Stunde kochen lassen. In der Zwischenzeit die Zwiebel würfeln, die Tomaten achteln und die Petersilie kleinschneiden.

Alles zu dem fertiggekochten Roggen geben und zusammen mit der Hälfte des Käses verrühren.

Mit der zerdrückten Knoblauchzehe würzen und in eine gefettete Auflaufform drücken.

Den Joghurt mit den Eiern und dem restlichen Käse verrühren und mit Kräutersalz und Pfeffer abschmecken.

Die Mischung über den Auflauf gießen und diesen auf der mittleren Leiste des Backofens bei 220° C etwa 30 Minuten backen.

5 Minuten vor Ende der Backzeit die Mungobohnensprossen über den Auflauf streuen.

Sommerlicher Gemüsetopf

Zutaten:
3 El Öl
1 Zwiebel
600 g Zucchini (wenn möglich eine gelbe Sorte)
4 große Tomaten
2 Tassen Mungobohnensprossen
Kräutersalz
Pfeffer
Thymian
Oregano
Basilikum
1 Knoblauchzehe
50—100 g geriebener Käse nach Geschmack

Zubereitung:
Die Zwiebel schälen und in Würfel schneiden.
Die Zucchini waschen und in dünne Scheiben schneiden. Zu den Zwiebelwürfeln geben und alles auf kleiner Flamme etwa 10—15 Minuten in dem Öl garen, dabei eventuell mit etwas Wasser ablöschen.
Die geviertelte Tomate dazugeben und das Ganze kräftig mit Kräutersalz, Pfeffer, Thymian, Oregano, Basilikum sowie der zerdrückten Knoblauchzehe abschmecken.
Ganz zum Schluß die Mungobohnensprossen unterziehen (nicht mehr kochen, sondern nur kurz warm werden lassen) und das Gericht mit dem geriebenen Käse überstreuen.

Indischer Reis mit Bockshornkleesprossen

Zutaten:
2 El Öl
1 Zwiebel
250 g Naturreis
1/2 l Gemüsebrühe
1 Tl gemahlener Ingwer
1 Tl Kreuzkümmel
1 Msp. Safran
1 Tl Kräutersalz
2—4 El Bockshornkleesprossen
2 El ungeschwefelte Rosinen
80 g gehobelte Mandeln
1 El Butter

Zubereitung:
Die feingeschnittene Zwiebel in dem heißen Öl andünsten, den gut gewaschenen Naturreis dazugeben, mit der Gemüsebrühe auffüllen und auf kleiner Flamme 35—40 Minuten kochen lassen, bis die Gemüsebrühe aufgesogen ist (eventuell noch etwas Wasser nachgießen).
In der Zwischenzeit die gehobelten Mandeln in der Butter kurz anrösten.
Den fertiggegarten Reis mit dem Ingwer, dem Kreuzkümmel, dem Safran und dem Kräutersalz würzen.
Die Bockshornkleesprossen, die Rosinen und die gerösteten Mandeln unterheben.
Indischer Reis paßt gut zu einer bunten Salatplatte und/oder zu gebackenem Gemüse.

Grünes Risotto

Zutaten:
3 El Öl
300 g Naturreis
3/4 l Wasser
1 Gemüsebrühwürfel
1 El Curry
1/2 Tl Kurkuma
1 El Sojasoße
1 Knoblauchzehe
150 g gemischte Küchenkräuter wie Petersilie, Kerbel, Liebstöckel, Zitronenmelisse, Schnittlauch, Basilikum, Pimpinelle
200 g Mungobohnensprossen
100 g geriebener Käse nach Geschmack

Zubereitung:
Den Reis waschen, abtropfen lassen, kurz in dem heißen Öl anrösten, mit der Gemüsebrühe auffüllen und anschließend auf kleiner Flamme 35—45 Minuten garen.
   In der Zwischenzeit die Kräuter waschen, trocknen und fein wiegen.
   Den fertiggegarten Reis mit dem Curry, dem Kurkuma, der zerdrückten Knoblauchzehe und der Sojasoße würzen.
   Die feingewiegten Kräuter, die Mungobohnensprossen und den geriebenen Käse unterheben und gleich servieren. Wer mag, kann das grüne Risotto noch mit einigen Tomatenachteln garnieren.

Nudelpfanne mit Sojasprossen

Zutaten:
300—400 g Vollkornnudeln
30 g Butter oder Margarine
2 mittelgroße Zwiebeln
4 Tassen Mungobohnensprossen
4 Eier
1/8 l Milch
1 El Sojasoße
1 zerdrückte Knoblauchzehe
Kräutersalz
frisch gemahlener Pfeffer
2 El Alfalfasprossen
50—100 g geriebener Käse

Zubereitung:
Die Vollkornnudeln in reichlich Salzwasser nicht zu weich kochen und abtropfen lassen.
   Das Fett in einer großen Pfanne zerlassen und die gewürfelten Zwiebeln darin andünsten.
   In der Zwischenzeit die Eier mit der Milch und der Sojasoße verquirlen und mit Kräutersalz, Pfeffer und der zerdrückten Knoblauchzehe abschmecken.
   Die Vollkornnudeln mit den Mungobohnensprossen vermischen, in die Pfanne geben, die Eimilch darübergießen und so lange braten, bis die Eimasse gestockt ist.
   Vor dem Servieren mit den Alfalfasprossen und dem geriebenen Käse überstreuen.

Chinesische Rühreipfanne

Zutaten:
2 El Öl
1—2 Stangen Lauch
150 g Mungobohnensprossen
4 Eier
1 El Sojasoße
1 El Sherry (kann auch weggelassen werden)
4 El Mineralwasser
Kräutersalz
frisch gemahlener Pfeffer
2 El Alfalfasprossen (nach Geschmack)
(Siehe Foto Seite 85)

Zubereitung:
Den Lauch waschen, putzen und in sehr dünne Ringe schneiden. Dabei auch einen Teil des Grüns mitverwenden.

Das Öl in einer Pfanne erhitzen und die Lauchringe zusammen mit den Mungobohnensprossen kurz darin andünsten.

Die Eier mit der Sojasoße, dem Mineralwasser und eventuell dem Sherry verquirlen und mit Kräutersalz und frisch gemahlenem Pfeffer würzen.

Die Masse in die Pfanne gießen und mit einer Gabel durchziehen, bis sie gestockt ist. Dabei sollte sie nicht zu fest und braun werden.

Nach Geschmack kurz vor dem Servieren mit den Alfalfasprossen überstreuen.

Die Rühreipfanne kann mit einer großen Salatplatte und Kartoffeln oder einem Butterbrot serviert werden.

»Chinesische Rühreipfanne« (Rezept Seite 84); »Linsensprossenauflauf mit Quark« (Rezept Seite 77) und »Sommerlicher Beerennachtisch« (Rezept Seite 90)

Nachspeisen und andere süße Köstlichkeiten

Rohes Apfelmus mit Sesamsprossen

Zutaten:
4—6 Äpfel
1 Prise Zimt
1 Prise Ingwer
Saft von einer unbehandelten Zitrone
200 g süße Sahne
2—4 El Sesamsprossen

Zubereitung:
Die Äpfel vom Kerngehäuse und von der Schale befreien und ganz nach Geschmack auf einer Glasreibe feinreiben oder auf einer Rohkostreibe raspeln.
   Sofort den Zitronensaft untermischen, damit das Apfelmus nicht braun wird, und mit dem Zimt und dem Ingwer würzen.
   Zum Schluß die geschlagene Sahne unterziehen, mit den Sesamsprossen bestreuen und sofort servieren. Wer will, kann die Sesamsprossen vorher kurz anrösten.

Himbeerjoghurt mit Hirsesprossen

Zutaten für eine Person:
1 Becher Naturjoghurt
1 Tl Honig (nach Geschmack)
100 g Himbeeren
2 El Hirsesprossen
3 gehackte Haselnüsse zum Bestreuen

Zubereitung:
Den Joghurt mit dem Honig verrühren.
   Die Himbeeren waschen, abtropfen und trocknen lassen.
   Zusammen mit den Hirsesprossen unter den Joghurt heben und mit den gehackten Haselnüssen bestreuen.

Variation:
Sie können selbstverständlich ganz nach Geschmack auch andere Beeren verwenden und die Hirsesprossen durch andere Getreidesprossen ersetzen.

Rhabarberkompott mit Sesamsprossen

Zutaten:
500 g Rhabarber
1/8 l Apfelsaft
1/2 Tl Zimt
Schale einer ungespritzten Zitrone
2 El Honig (nach Geschmack auch etwas mehr)
1/4 Tl Vanille
3 El Sesamsprossen

Zubereitung:
Den Rhabarber waschen, putzen und in etwa 1 cm große Stücke schneiden. Zusammen mit dem Apfelsaft und der abgeriebenen Zitronenschale aufkochen und auf der ausgeschalteten Herdplatte etwa 10 Minuten ziehen lassen.
Mit dem Zimt, der Vanille und dem Honig würzen und abkühlen lassen.
Vor dem Servieren mit den Sesamsprossen bestreuen.

Variation:
250 g Quark unter das Rhabarberkompott rühren oder das Kompott mit etwas Grieß andicken und 200 g geschlagene Sahne unterheben.

Süße Sprossenknödel

Zutaten:
150 g Weizen (mittelfein gemahlen)
50 g Haselnüsse (fein gemahlen)
50 g ungeschwefelte Rosinen
50 g Kokosflocken
1 Tasse Weizensprossen
Saft einer Orange
2 El Honig
etwas Wasser

Zubereitung:
Den Weizen mittelfein, die Haselnüsse fein mahlen.
Die Rosinen, die Kokosflocken, den Honig, die Weizensprossen und den Orangensaft hinzufügen und alles miteinander vermengen. So viel Wasser dazugeben, bis die Masse nicht mehr klebt, sich aber gut formen läßt.
Den Teig zu mirabellengroßen Kugeln formen und diese etwa 2 Tage auf einem Drahtgitter trocknen lassen.
Sie können die Sprossenknödel zum Trocknen auch auf die Drahtsiebe eines Dörrgerätes oder in den leicht geöffneten und auf 50° C aufgeheizten Backofen legen.
Auf diese Weise sind sie dann schon in 4—6 Stunden fertig und finden besonders unter Kindern bestimmt begeisterte Abnehmer.

Granola

Zutaten:
1/8 l Wasser
1/8 l Öl (ein geschmacksneutrales Öl verwenden)
200—300 g Honig nach Geschmack
100 g Sesam
50 g Sonnenblumenkerne
50 g gehackte oder gemahlene Haselnüsse
400 g großblättrige Haferflocken
2 Tassen Weizensprossen
1 Tl Vanille
1 Tl Zimt
1 Prise Salz

Zubereitung:
Das Wasser erhitzen, den Honig darin auflösen und das Öl dazugeben.

Die Weizensprossen mit den Haferflocken, den Haselnüssen, dem Sesam und den Sonnenblumenkernen vermengen.

Das Honig-Öl-Wasser über die trockene Mischung gießen, 5 Minuten quellen lassen, die Gewürze dazugeben und das Ganze gut durchkneten.

Ein Backblech einfetten und die Masse etwa 5 mm dick auswellen oder mit einem nassen Löffel ausstreichen. Anschließend mit einem nassen Messer glattstreichen.

Sie können Granola in der Nähe eines Ofens etwa 2—3 Tage trocknen lassen. Schneller geht es, wenn Sie den Backofen auf 50° C aufheizen, das Blech auf die mittlere Leiste schieben, die Backofentür stets einen Spalt geöffnet halten (Holzlöffel dazwischen schieben) und so etwa 6—12 Stunden trocknen lassen.

Das Granola ist fertig, wenn es fest geworden ist und sich in kleine Stücke auseinanderbrechen läßt.

Es wird in einem großen Schraubglas aufbewahrt und ist so jederzeit als gesunde Leckerei verfügbar.

Knusprig wird Granola, wenn es statt des langsamen Trocknens etwa 20 bis 30 Minuten bei 160° C gebacken wird. Allerdings werden dabei dann auch einige Vitamine zerstört.

Sommerlicher Beerennachtisch

Zutaten:
300 g Erdbeeren, Brombeeren, Himbeeren oder Johannisbeeren je nach Angebot
500 g Dickmilch
etwas Honig nach Geschmack
1 Tasse Weizensprossen
2 El Pinienkerne

Zubereitung:
Die Beeren waschen, putzen und abtropfen lassen. Große Früchte (eventuell) zerkleinern. Eventuell die Dickmilch mit dem Honig süßen und zusammen mit den Weizensprossen unter die Beeren mengen. Mit den Pinienkernen bestreuen und gleich servieren. Dieser Nachtisch schmeckt übrigens auch als Müsli zum Frühstück ganz ausgezeichnet.
(Siehe Foto Seite 85)

Obstpie mit Getreidesprossen

Zutaten:
Für den Teig:
250 g Dinkel (fein gemahlen)
125 g Butter
1 Ei
1/4 Tl Vanille
2—3 El Honig

Für den Belag:
50 g Haselnüsse (fein gemahlen)
400 g Zwetschgen
250 g Birnen
1 Tasse Gerstensprossen

Zubereitung:
Die Butter mit dem Ei, der Vanille und dem Honig schaumig schlagen.
Den feingemahlenen Dinkel zusammen mit der Ei-Butter-Masse zu einem weichen Teig verkneten.
Eine Pieform einfetten und den Teig darauf verteilen. Die Form in den Kühlschrank stellen und dort mindestens 1/2 Stunde ruhen lassen.
Die Zwetschgen halbieren und entkernen, die Birnen schälen, achteln und entkernen. Abwechselnd eine Reihe Zwetschgen und eine Reihe Birnen kranzförmig auf den Teig legen.
Die gemahlenen Nüsse darauf verteilen.
Die Form auf die mittlere Leiste in den kalten Backofen schieben und bei 200° C etwa 25 bis 30 Minuten backen. Die Gerstensprossen über das Obst streuen und den Kuchen weitere 10 Minuten backen.
Auf einem Kuchengitter abkühlen lassen, dann vorsichtig aus der Form nehmen.

Brote und Brotaufstriche

Sonnenfladen

Sonnenfladen werden ohne Triebmittel aus Weizensprossen hergestellt. Wie schon ihr Name sagt, werden sie langsam in der Sonne getrocknet. Wenn es schneller und einfacher gehen soll, können Sie selbstverständlich auch den Backofen benutzen.

Um den vollen Geschmack der Sonnenfladen auszukosten, müssen diese langsam und gut gekaut werden.

Zutaten:
200 g Weizensprossen
1 Prise Salz
Nach Geschmack:
1/2 Tl gemahlener Fenchel
und/oder 1/2 Tl gemahlener Kümmel

Zubereitung:
Die Weizensprossen durch einen Fleischwolf drehen oder mit dem Mixer zerhacken.

Langsam mit den Händen zu einem homogenen Teig verkneten. (In der Regel sind Weizensprossen feucht genug, so daß Sie kein Wasser mehr hinzufügen müssen.)

Dabei die Prise Salz und eventuell den Kümmel und den Fenchel unterarbeiten.

Aus dem Teig kleine Bällchen formen, diese flachdrücken und entweder in der Sonne oder im Dörrapparat langsam trocknen lassen.

Man kann die Fladen auch auf ein geöltes Backblech geben und im vorgeheizten Backofen auf der mittleren Leiste bei 100° C etwa 30 Minuten auf jeder Seite backen. Lassen Sie dabei ruhig die Backofentür einen Spalt geöffnet, damit die feuchte Luft entweichen kann.

Backferment-Sprossen-Brot

Dieses Sprossenbrot wird mit dem Sekowa-Backferment gebacken, das man als trockenes Granulat in Reformhäusern und Naturkostläden kaufen kann.
Vom Geschmack her ähnelt es einem Sauerteigbrot.

Zutaten:
Für den Vorteig:
700 g Roggen (mittelfein geschrotet)
700 cm^3 30° C warmes Wasser
2 El Grundansatz oder ein Rest Sauerteig vom letzten Backen
1 1/2 Tl Backferment

Für den Hauptteig:
700 g Roggen (feingemahlen)
2—3 Tassen Weizensprossen
2 Tl Salz
350—500 cm^3 45° C warmes Wasser

Zubereitung:
Den Grundansatz und das Backferment in dem warmen Wasser klümpchenfrei auflösen. Mit einem Holzlöffel den Roggenschrot gründlich mit dem warmen Wasser vermischen und bei einer Zimmertemperatur von 20° C etwa 12 Stunden stehenlassen.

Der Teig darf in dieser Zeit nicht abtrocknen, deshalb sollten Sie die Schüssel mit einem feuchten Tuch und zusätzlich mit Alufolie oder einer Plastiktüte abdecken.

Nach 12 Stunden ist der Vorteig in der Regel fertig. Er hat sich etwas vergrößert, und wenn man die oberste Schicht aufreißt, zeigen sich viele Gärbläschen.

Danach den Roggen für den Hauptteig fein mahlen und das Salz in dem 45° C warmen Wasser auflösen.

Beides zusammen mit den Weizensprossen zum Vorteig geben, alles miteinander vermengen und den Teig gut durchkneten. Zu einer Kugel formen und an einem warmen Ort etwa 1—2 Stunden gären lassen. Nach dieser Zeit sollte der Teig eine gute Lockerung zeigen und etwas aufgegangen sein.

Anschließend den Teig noch einmal gut durchkneten, zu einem runden oder länglichen Laib formen und in eine gefettete Backform geben. Die Oberfläche mehrmals einschneiden und mit lauwarmem Wasser bestreichen.

Das Brot mit einem feuchten Tuch bedeckt noch einmal an einem warmen Ort 30—45 Minuten gehen lassen.

Danach auf die unterste Leiste in den kalten Backofen schieben, eine Schüssel mit heißem Wasser danebenstellen und das Brot bei 220° C etwa 75 Minuten backen. Noch weitere 15 Minuten im ausgeschalteten Backofen lassen.

Vor dem Anschneiden sollte das Brot einen Tag auf einem Kuchengitter auskühlen.

Landbrot mit Gerstensprossen

Zutaten:
900 g Weizen (fein gemahlen)
2—3 Tassen Gerstensprossen
2 Tl gemahlener Kümmel
2 Tl Salz
60 g Hefe
500—600 g lauwarmes Wasser

Zubereitung:
Den feingemahlenen Weizen mit dem Salz, dem gemahlenen Kümmel und den Gerstensprossen vermischen.

Die Hefe in dem lauwarmen Wasser auflösen und zum Getreide gießen.

Alle Zutaten etwa 5—10 Minuten lang zu einem glatten, elastischen Teig verkneten. Diesen zu einer Kugel formen und abgedeckt mit einem Tuch etwa 1 Stunde an einem warmen Ort gehen lassen, bis sich das Volumen nahezu verdoppelt hat.

Anschließend den Teig noch einmal gut durchkneten und entweder zu einem runden oder länglichen Laib formen und in eine gefettete Backform geben und mit einem Messer die Oberfläche einschneiden.

Noch einmal an einem warmen Ort 1/2 Stunde gehen lassen. Den Backofen auf 250° C vorheizen, das Brot auf die unterste Leiste schieben, die Temperatur auf 200° C zurückschalten und das Brot etwa 60—70 Minuten backen.

Vor dem Anschneiden mindestens 3—4 Stunden auf einem Kuchengitter auskühlen lassen.
(Siehe Foto Seite 95)

Quarkkugeln im Sprossenmantel

Zutaten:
250 g Quark
100 g Butter oder Margarine
2 Tl Kräutersalz
frisch gemahlener Pfeffer
einige Alfalfa-, Kresse-, Senf-, Sonnenblumen-, Getreide-, Rettich- und Mungobohnensprossen

Zubereitung:
Den Quark mit dem Fett verkneten und kräftig mit dem Kräutersalz und Pfeffer abschmecken.

Aus der Quark-Butter-Masse kleine Kugeln formen und diese ganz nach Geschmack in den verschiedenen Sprossen wälzen. Die bunten Quarkkugeln auf Salatblättern anrichten und zu Vollkornbrot oder Vollkornbrötchen reichen.
(Siehe Foto Seite 95)

Grüner Quark

Zutaten:
250 g Quark
6 grüne Oliven
etwas Milch
Kräutersalz
frisch gemahlener Pfeffer
1 Knoblauchzehe
1 Tasse Sprossenmischung aus Alfalfa, Linsen, Mungobohnen und Rettich
einige Salatblätter

Zubereitung:
Den Quark mit etwas Milch cremig rühren.

Mit Pfeffer, Kräutersalz und der zerdrückten Knoblauchzehe würzen.

Die Sprossenmischung etwas auseinanderzupfen.

Die Oliven entkernen und in feine Würfel schneiden.

Die Sprossen und die Olivenstückchen mit dem Quark vermischen und auf den Salatblättern anrichten.

Dazu gibt es Vollkornbrot.

Im Vordergrund »Tomaten-Sprossen-Toast« (Rezept Seite 52), »Sprossentoast mit Ei« (Rezept Seite 52), dahinter »Quarkkugeln im Sprossenmantel« (Rezept Seite 94) und »Landbrot mit Gerstensprossen« (Rezept Seite 93)

Quark mit Senfsprossen

Zutaten:
250 g Quark
etwas Milch
Kräutersalz
frisch gemahlener Pfeffer
1 kleine Tomate
1 kleine Zwiebel
1 Knoblauchzehe
2 El Senfsprossen
2 El Alfalfasprossen

Zubereitung:
Den Quark mit der Milch cremig rühren und mit Kräutersalz und Pfeffer abschmecken.
Die Tomate und die Zwiebel in kleine Würfel schneiden. Beides zusammen mit der zerdrückten Knoblauchzehe, den Senf- und Alfalfasprossen unter die Quarkmasse heben und auf Salatblättern anrichten.

Linsensprossenbutter

Zutaten:
75 g Butter
2 Tassen Linsensprossen
1/2—1 Tl Curry
1/2 Tl Kurkuma
Kräutersalz
frisch gemahlener Pfeffer

Zubereitung:
Die Butter in einer Pfanne zerlassen.
Die Linsensprossen dazugeben und etwa 5 Minuten im heißen Fett schmoren lassen.
Die Masse anschließend abkühlen lassen und pürieren.
Die Linsensprossenbutter mit dem Curry und dem Kurkuma würzen und mit Kräutersalz und frisch gemahlenem Pfeffer abschmecken.
Linsensprossenbutter hält sich einige Tage im Kühlschrank.

Bezugsquellenhinweise

Keimgeräte

bio-snacky-Keimgerät
erhältlich in vielen Reformhäusern oder bei
Biokosma GmbH
Postfach 5509
7750 Konstanz 12
(Siehe Foto Seite 45)

Hawo's Tonkeimer
erhältlich in vielen Naturkostläden oder bei
Hawo's Kornmühlen
Habitzheimer Straße
6111 Otzberg-Lengfeld
(Siehe Foto Seite 75)

Keimfrischbox
erhältlich in vielen Reformhäusern oder bei
Goldbachmühle-Fink GmbH
7033 Herrenberg
(Siehe Foto Seite 55)

Außerdem gibt es in vielen Naturkostläden Tonkeimgeräte in verschiedenen Größen, die aus Frankreich kommen.

Hydrogerät

Ein Hydrogerät für die Anzucht von Grünkräutern stellt die Firma Biokosma (Adresse siehe oben) her.
(Siehe Foto Seite 65)

Samen für die Sprossenzucht

Die Firma Biokosma (Adresse siehe oben) hat speziell für die Sprossen- und Grünkräuterzucht Samen gezüchtet; erhältlich in Reformhäusern und Naturkostläden.

Demeter- und Bioland-Getreide — erhältlich in Reformhäusern und Naturkostläden — eignet sich zum Keimen.

Die Goldbachmühle (Adresse siehe oben) hat verschiedene Sprossenmischungen unterschiedlicher Geschmacksrichtungen zusammengestellt; erhältlich in vielen Reformhäusern.

Samen für die Sprossenzucht verschicken:

Blauetikett-Bornträger GmbH
6521 Offstein

Schnitzer GmbH & Co
Feldbergstr. 11
7742 St. Georgen

Außerdem züchten auch einige Samenfirmen spezielle Samen für die Sprossenzucht. Hinweise darauf finden Sie in den entsprechenden Katalogen.

Rezeptverzeichnis
Rezepte in alphabetischer Reihenfolge

A
Apfelmus, rohes mit
   Sesamsprossen   87

B
Backferment-Sprossenbrot   92
Beerennachtisch, sommerlicher   90
Bunter Eissalat   59
Bunter Sprossensalat   63
Bunte Sprossensuppe   69

C
Chinesische Rühreipfanne   84

E
Eier, gefüllte   57
Eissalat, bunter   59
Erbsensprossen, gedünstete   80
Erbsensprossensuppe, pürierte   71

G
Gebackene Kartoffelpuffer   79
Gedünstete Erbsensprossen   80
Gefüllte Eier   57
Gefüllte Gurkenstücke   54
Gefüllte Paprika mit Hüttenkäse   54
Gemüsebrühe, mit Sprossen   70
Gemüsetopf, sommerlicher   82
Geschmorte
   Kichererbsensprossen   77
Getreidesprossenomelett   57
Getreidesprossensalat   60
Granola   89
Große Sprossenrolle   73

Grüner Quark   94
Grünes Risotto   83
Gurkenstücke, gefüllte   54

H
Himbeerjoghurt mit
   Hirsesprossen   87

I
Indischer Reis mit
   Bockshornkleesprossen   82

K
Kartoffelpuffer, gebackene   79
Kartoffelsuppe mit Sprossen   72
Käse-Obst-Salat mit
   Roggensprossen   67
Kichererbsensprossen,
   geschmorte   77
Kohlrabirohkost   67
Kohlrabisalat mit Weizensprossen   58
Kopfsalat mit Kresse   58

L
Landbrot mit Gerstensprossen   93
Linsensprossenauflauf mit Quark   77
Linsensprossenbutter   97
Linsensprossen-Gurken-Salat   59

M
Meine Gemüsebrühe mit
   Sprossen   70
Möheren-Pastinaken-Salat mit
   Sprossen   64

N
Nudelpfanne mit Sojasprossen 83

O
Obstpie mit Getreidesprossen 90
Obstsalat mit Gerstensprossen 68

P
Paprika, gefüllte mit Hüttenkäse 54
Pürierte Erbsensprossensuppe 71

Q
Quark, grüner 94
Quarkkugeln im Sprossenmantel 94
Quark mit Senfsprossen 97

R
Radieschensalat mit Kresse 60
Reis, indischer mit
  Bockshornkleesprossen 82
Reissalat mit Erbsensprossen 61
Rhabarberkompott mit
  Sesamsprossen 88
Risotto, grünes 83
Roggenauflauf 81
Roggensprossensalat 62
Rohes Apfelmus mit
  Sesamsprossen 87
Rühreipfanne, chinesische 84

S
Sojasprossensalat 61
Sojasprossensalat mit Kresse 63
Sommerlicher Beerennachtisch 90
Sommerlicher Gemüsetopf 82
Sonnenfladen 91
Sprossen-Kartoffel-Knödel 80
Sprossenknödel, süße 88
Sprossenmix 53

Sprossenpastete 74
Sprossenpfannkuchen 78
Sprossenpizza 78
Sprossenrolle, große 73
Sprossensalat, bunter 63
Sprossensuppe, bunte 69
Sprossentoast mit Ei 52
Süße Sprossenknödel 88

T
Tomaten-Sprossen-Toast 52
Tomatensuppe 72

W
Weizenkeimmüsli 53
Weizensprossensalat 64
Wildkräutersalat mit
  Weizensprossen 62

Welche Sprossensorte für welches Rezept?

Alfalfasprossen

Bunter Sprossensalat   63
Gefüllte Eier   57
Gefüllte Paprika mit Hüttenkäse   54
Getreidesprossensalat   60
Grüner Quark   94
Meine Gemüsebrühe mit
   Sprossen   70
Quarkkugeln im Sprossenmantel   94
Quark mit Senfsprossen   97
Sprossen-Kartoffel-Knödel   80
Sprossenpfannkuchen   78
Sprossentoast mit Ei   52

Bockshornkleesprossen

Indischer Reis mit
   Bockshornkleesprossen   82

Erbsensprossen

Bunte Sprossensuppe   69
Gedünstete Erbsensprossen   80
Pürierte Erbsensprossensuppe   71
Reissalat mit Erbsensprossen   61

Gerstensprossen

Landbrot mit Gerstensprossen   93
Obstpie mit Getreidesprossen   90
Obstsalat mit Gerstensprossen   68

Hirsesprossen

Himbeerjoghurt mit
   Hirsesprossen   87

Kichererbsensprossen

Bunte Sprossensuppe   69
Geschmorte
   Kichererbsensprossen   77

Kressesprossen

Kopfsalat mit Kresse   58
Möhren-Pastinaken-Salat mit
   Sprossen   64
Quarkkugeln im Sprossenmantel   94
Radieschensalat mit Kresse   60
Sojasprossensalat mit Kresse   63

Linsensprossen

Bunter Sprossensalat 69
Bunte Sprossensuppe 63
Grüner Quark 94
Kartoffelsuppe mit Sprossen 72
Linsensprossenauflauf mit Quark 77
Linsensprossenbutter 97
Linsensprossen-Gurken-Salat 59
Meine Gemüsebrühe mit Sprossen 70
Sprossen-Kartoffel-Knödel 80
Sprossenpfannkuchen 78
Sprossenpizza 78

Mungobohnensprossen

Bunter Sprossensalat 63
Bunte Sprossensuppe 69
Chinesische Rühreipfanne 84
Gefüllte Gurkenstücke 54
Große Sprossenrolle 73
Grüner Quark 94
Grünes Risotto 83
Kartoffelsuppe mit Sprossen 72
Meine Gemüsebrühe
   mit Sprossen 70
Nudelpfanne mit Sojasprossen 83
Quarkkugeln im Sprossenmantel 94
Roggenauflauf 81

Sojasprossensalat 61
Sojasprossensalat mit Kresse 63
Sommerlicher Gemüsetopf 82
Sprossen-Kartoffel-Knödel 80
Sprossenmix 53
Sprossenpfannkuchen 78
Sprossenpizza 78
Tomaten-Sprossen-Toast 52
Tomatensuppe 72

Rettichsprossen

Bunter Sprossensalat 63
Gefüllte Eier 57
Gefüllte Paprika mit Hüttenkäse 54
Grüner Quark 94
Quarkkugeln im Sprossenmantel 94
Sprossen-Kartoffel-Knödel 80
Sprossenpfannkuchen 78
Sprossentoast mit Ei 52

Roggensprossen

Gebackene Kartoffelpuffer 79
Käse-Obst-Salat
   mit Roggensprossen 67
Roggensprossensalat 62

Senfsprossen

Quarkkugeln im Sprossenmantel 94
Quark mit Senfsprossen 97

Sesamsprossen

Rhabarberkompott
  mit Sesamsprossen 88
Rohes Apfelmus
  mit Sesamsprossen 87

Sonnenblumenkernsprossen

Bunter Eissalat 59
Quarkkugeln im Sprossenmantel 94
Sprossenmix 53

Weizensprossen

Backferment-Sprossen-Brot 92
Getreidesprossenomelett 57
Getreidesprossensalat 60
Granola 89
Kohlrabirohkost 67
Kohlrabisalat mit Weizensprossen 58
Quarkkugeln im Sprossenmantel 94
Sommerlicher Beerennachtisch 90
Sonnenfladen 91
Sprossenmix 53
Sprossenpastete 74
Süße Sprossenknödel 88
Weizenkeimmüsli 53
Weizensprossensalat 64
Wildkräutersalat
  mit Weizensprossen 62

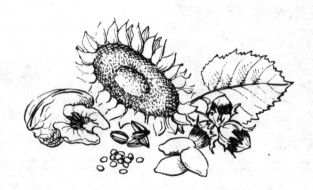

Unser Tip

Biologisch kochen
Vitaminreich und naturbelassen
(4162) Von M. Bustorf-Hirsch, K. Siegel, 144 Seiten,
15 Farbtf., kartoniert, **DM 14,80,** S 119.–

Meine Vollkornbackstube
Brot – Kuchen – Aufläufe
(0616) Von R. Raffelt, 96 Seiten, 4 Farbtf., 12 Abb.,
kartoniert, **DM 6,80,** S 59.–

Das Reformhaus-Kochbuch
Gesunde Ernährung mit hochwertigen
Naturprodukten
(4180) Von A. u. G. Eckert, 160 Seiten,
15 Farbtf., Pappband, **DM 24,80,** S 198.–

Joghurt, Quark, Käse und Butter
Schmackhaftes aus Milch hausgemacht
(0739) Von M. Bustorf-Hirsch, 32 Seiten,
59 Farbabb., Pappband, **DM 7,80,** S 69.–

Falls durch besondere Umstände Preisänderungen notwendig werden, erfolgt Auftragserledigung zu dem bei der Lieferung gültigen Preis.

Gesamt-Programm

Stand 1.1.1985

Essen und Trinken

Kalte und warme Vorspeisen
einfach · herzhaft · raffiniert. (5045) Von Karin Iden, 64 S., 43 Farbfotos, Pappband. **DM 12,80**/S 99.–

Köstliche Suppen
für jede Tages- und Jahreszeit. (5122) Von Elke Fuhrmann, 64 S., 38 Farbfotos, Pappband. **DM 12,80**/S 99.–

Kochen, was allen schmeckt
1700 Koch- und Backrezepte für jede Gelegenheit. (4098) Von Anneliese und Gerhard Eckert, 796 S., 60 Farbtafeln, Pappband. **DM 24,80**/S 198.–

Falken-Handbuch
Kochen nach allen Regeln der Kunst
Das moderne Grundkochbuch mit über 1000 Farbbildern. (4143) Von Margrit Gutta, 624 S., über 1000 farbige Abb., gebunden. **DM 78,–**/S 598.–

Brunos beste Rezepte
– rund ums Jahr (4154) Von Bruno Henrich, 136 S., 15 Farbfotos, kart. **DM 14,80**/S 119.–

Was koche ich heute?
Neue Rezepte für Fix-Gerichte. (0608) Von Annette Badelt-Vogt, 112 S., 16 Farbtafeln, kart. **DM 9,80**/S 79.–

Kochen für 1 Person
Rationell wirtschaftlich, abwechslungsreich und schmackhaft zubereiten. (0586) Von Marianne Nicolin, 136 S., 8 Farbtafeln, 20 Zeichnungen, kart. **DM 9,80**/S 79.–

Gesunde Kost aus dem Römertopf
(0442) Von Jutta Kramer, 128 S., 8 Farbtafeln, 13 Zeichnungen, kart. **DM 8,80**/S 74.–

Nudelgerichte
– lecker, locker, leicht zu kochen. (0466) Von Christiane Stephan, 80 S., 8 Farbtafeln, kart. **DM 7,80**/S 69.–

Omas Küche und unsere Küche heute
(4089) Von J. Peter Lemcke, 160 S., 8 Farbtafeln, 95 Zeichnungen, Pappband. **DM 24,80**/S 198.–

Die besten Eintöpfe und Aufläufe
(5079) Von Anneliese und Gerhard Eckert, 64 S., 49 Farbfotos, Pappband. **DM 12,80**/S 99.–

Hobby-Kochbuch für Tiefkühlkost
(0302) Von Ruth Vollmer-Ruprecht, 104 S., 8 Farbtafeln, kart. **DM 8,80**/S 74.–

Schnelle Küche
(4095) Von Anneliese und Gerhard Eckert, 136 S., 15 Farbtafeln, 61 Zeichnungen, kart., **DM 12,80**/S 99.–

Schnell gekocht – gut gekocht
mit vielen Rezepten für Schnellkochtöpfe und Schnellbratpfannen. (0265) Von Irmgard Persy, 96 S., 8 Farbtafeln, kart. **DM 7,80**/S 69.–

Kochen und backen im Heißluftherd
Vorteile, Gebrauchsanleitung, Rezepte. (0516) Von Katharina Kölner, 72 S., 8 Farbtafeln, kart. **DM 7,80**/S 69.–

Das neue Mikrowellen-Kochbuch
(0434) Von Hermann Neu, 64 S., 4 Farbtafeln, kart. **DM 6,80**/S 59.–

Ganz und gar mit Mikrowellen
(4094) Von Tina Peters, 208 S., 24 Farbfotos, kart. **DM 29,80**/S 239.–

Gesund kochen
wasserarm · fettfrei · aromatisch. (4060) Von Margrit Gutta, 240 S., 16 Farbtafeln, Pappband. **DM 19,80**/S 159.–

Alternativ essen
Die gesunde Sojaküche. (0553) Von Uwe Kolster, 112 S., 8 Farbtafeln, kart. **DM 9,80**/S 79.–

Kräuter- und Heilpflanzen-Kochbuch
für eine gesunde Lebensweise. (4066) Von Pia Pervenche, 143 S., 15 Farbtafeln, kart. **DM 12,80**/S 99.–

Natursammlers Kochbuch
Wildfrüchte und -gemüse, Pilze, Kräuter – finden und zubereiten. (4040) Von Christa-Maria Kerler, 140 S., 12 Farbtafeln, gebunden. **DM 19,80**/S 159.–

Miekes Kräuter- und Gewürzkochbuch
(0323) Von Irmgard Persy und Klaus Mieke, 96 S., 8 Farbtafeln, kart. **DM 8,80**/S 74.–

Haltbar machen durch Trocknen und Dörren
(0696) Von Maren Bustorf-Hirsch, 32 S., 42 Farbfotos, Spiralbindung. **DM 7,80**/S 69.–

Alles über Einkochen, Einlegen, Einfrieren
Gesund und herzhaft. (4055) Von Birgit Müller, 152 S., 16 Farbtafeln, kart. **DM 12,80**/S 99.–

Einkochen
nach allen Regeln der Kunst. (0405) Von Birgit Müller, 128 S., 8 Farbtafeln, kart. **DM 9,80**/S 79.–

Das neue Fritieren
geruchlos, schmackhaft und gesund. (0365) Von Petra Kühne, 96 S., 8 Farbtafeln, kart. **DM 7,80**/S 69.–

Weltmeister-Soßen
Die Krönung der feinen Küche. (0357) Von Giovanni Cavestri, 96 S., 14 Farbtafeln, kart. **DM 9,80**/S 79.–

Wildgerichte
einfach als raffiniert. (5115) Von Margrit Gutta, 64 S., 43 Farbfotos, Pappband. **DM 12,80**/S 99.–

Geflügel
Die besten Rezepte aus aller Welt. (5050) Von Margrit Gutta, 64 S., 32 Farbfotos, Pappband. **DM 12,80**/S 99.–

Raffinierte Steaks
und andere Fleischgerichte. (5043) Von Gerhard Eckert, 64 S., 43 Farbfotos, Pappband. **DM 12,80**/S 99.–

Mehr Freude und Erfolg beim Grillen
(4141) Von Alfred Berliner, 160 S., 147 Farbfotos, 10 farbige Zeichnungen, Pappband. **DM 24,80**/S 198.–

Grillen
– drinnen und draußen. (4047) Von Claus Arius, 152 S., 30 Farbtafeln, kart. **DM 12,80**/S 99.–

Grillen
Fleisch · Fisch · Beilagen · Soßen. (5001) Von Elke Fuhrmann, 64 S., 38 Farbfotos, Pappband. **DM 12,80**/S 99.–

Chinesisch kochen
Schmackhafte Rezepte für die abwechslungsreiche Küche. (5011) Von Anneliese und Gerhard Eckert, 64 S., 57 Farbfotos, Pappband. **DM 12,80**/S 99.–

Chinesisch kochen
mit dem WOK-Topf und dem Mongolen-Topf. (0557) Von Christiane Korn, 64 S., 8 Farbtafeln, kart. **DM 7,80**/S 69.–

Japanische Küche
schmackhaft und bekömmlich. (5087) Von Hiroko Toi, 64 S., 36 Farbfotos, Pappband. **DM 12,80**/S 99.–

Ostasiatische Küche
schmackhaft, bekömmlich und vielseitig. (5066) Von Taki Sozuki, 64 S., 39 Farbfotos, Pappband. **DM 12,80**/S 99.–

Nordische Küche
Speisen und Getränke von der Küste. (5082) Von Jutta Kürtz, 64 S., 44 Farbfotos, Pappband. **DM 12,80**/S 99.–

Deutsche Spezialitäten
(5025) Von Elke Fuhrmann, 64 S., 52 Farbfotos, Pappband. **DM 12,80**/S 99.–

Französisch kochen
(5016) Von Margrit Gutta, 64 S., 35 Farbfotos, Pappband. **DM 12,80**/S 99.–

Französische Küche
(0685) Von Margrit Gutta, 96 S., 16 Farbtafeln, kart., **DM 8,80**/S 74.–

Kochen und würzen mit Knoblauch
(0725) Von A. und G. Eckert, 96 S., 8 Farbtafeln, kart. **DM 7,80**/S 69.–

Schlemmerreise durch die italienische Küche
(4172) Von Velio Pifferi, 160 S., 109 Farbfotos, Pappband. **DM 24,80**/S 198.–

Italienische Küche
(5026) Von Margrit Gutta, 64 S., 35 Farbfotos, Pappband. **DM 12,80**/S 99.–

Portugiesische Küche
und Weine · Kulinarische Reise durch Portugal. (0607) Von Enrique Kasten, 96 S., 16 Farbtafeln, kart. **DM 9,80**/S 79.–

Postfach 1120 · D-6272 Niedernhausen/Ts.   Tel. 0 6127 / 70 20 · Telex 4186585 fves d

Raffinierte Rezepte mit Oliven
(5119) Von Lutz Helger, 64 S.,
53 Farbfotos, 4 Zeichnungen, Pappband.
DM 14,80/S 119.–

Köstliche Pizzas, Toasts, Pasteten
(5081) Von Anneliese und Gerhard
Eckert, 64 S., 48 Farbfotos, Pappband.
DM 12,80/S 99.–

Internationale Spezialitäten
(4130) Von Christine Schönherr, 240 S.,
116 Farbfotos, gebunden.
DM 48,–/S 398.–

Köstliche Pilzgerichte
Rezepte für die meistvorkommenden
Speisepilze. (5133) Von Valerie Spicker-
Noack, Martin Knoop, 64 S., 52 Farb-
fotos, Pappband. **DM 12,80**/S 99.–

Am Tisch zubereitet
(4152) Von Ilse Otto, 208 S.,
12 Farbtafeln, 17 s/w-Fotos, Pappband.
DM 24,80/S 198.–

Fondues
(5006) Von Eva Exner, 64 S., 50 Farbfotos, Pappband. **DM 12,80**/S 99.–

Fondues
und fritierte Leckerbissen. (0471) Von
Stefanie Stein, 80 S., 8 Farbtafeln, kart.
DM 6,80/S 59.–

Fondues · Raclettes · Flambiertes
(4081) Von Renate Peiler und Marie-
Louise Schult, 136 S., 15 Farbtafeln,
28 Zeichnungen, kart. **DM 12,80**/S 99.–

Neue, raffinierte Rezepte mit dem Raclettegrill
(0558) Von Lutz Helger, 56 S., 8 Farbtafeln, kart. **DM 7,80**/S 69.–

Rezepte rund um Raclette und Hobby-Rechaud
(0420) Von Jack W. Hochscheid, 72 S.,
15 Farbtafeln, kart. **DM 7,80**/S 69.–

Die große farbige Kalte Küche
Vom Partyhappen zum Kalten Buffet
(4134) Von Christine Schönherr, 400 S.,
über 220 farbigen Abb., gebunden
DM 33,–/S 268.–

Kleine Kalte Küche
für Alltag und Feste. (5097) Von
Anneliese und Gerhard Eckert, 64 S.,
45 Farbfotos, Pappband.
DM 12,80/S 99.–

Kalte Platten
(4064) Von Maitre Pierre Pfister, 240 S.,
135 großformatige Farbfotos, gebunden.
DM 48,–/S 398.–

Kalte Platten – Kalte Büfetts
(5015) Von Margrit Gutta, 64 S.,
34 Farbfotos, Pappband.
DM 12,80/S 99.–

Kalte Happen
und Partysnacks. (5029) Von Dolly
Peters, 64 S., 35 Farbfotos, Pappband.
DM 12,80/S 99.–

Salate
(4119) Von Christine Schönherr, 240 S.,
115 Farbfotos, gebunden.
DM 48,–/S 389.–

Salate für alle Gelegenheiten
(5002) Von Elke Fuhrmann, 64 S.,
47 Farbfotos, Pappband.
DM 12,80/S 99.–

111 köstliche Salate
Erprobte Rezepte mit Pfiff. (0222) Von
Christine Schönherr, 96 S., 8 Farbtafeln,
30 Zeichnungen, kart. **DM 8,80**/S 74.–

Salate
Das köstlich knackige Schlemmer-
vergnügen. (4165) Von Veronika Müller,
160 S., 79 Farbfotos, Pappband,
DM 24,80/S 198.–

Desserts
(5020) Von Margrit Gutta, 64 S.,
38 Farbfotos, Pappband.
DM 12,80/S 99.–

Süße Nachspeisen
(0601) Von Petra Lohmann, 96 S.,
8 Farbtafeln, 28 Zeichnungen, kart.
DM 8,80/S 74.–

Crêpes, Omeletts und Soufflés
Pikante und süße Spezialitäten. (5131)
Von Jutta Rosenkranz, 64 S., 45 Farb-
fotos, Pappband. **DM 12,80**/S 99.–

Backen
(4113) Von Margrit Gutta, 240 S.,
123 Farbfotos, gebunden.
DM 48,–/S 398.–

Kuchen und Torten
(5067) Von Marlies Sauerborn, 64 S.,
79 Farbfotos, Pappband.
DM 12,80/S 99.–

Schönes Hobby: Backen
Erprobte Rezepte mit modernen
Backformen. (0451) Von Elke Blome,
96 S., 8 Farbtafeln, kart.
DM 7,80/S 69.–

Kleingebäck
Plätzchen · Kekse · Guetzli. (5089) Von
Margrit Gutta, 64 S., 50 Farbfotos,
Pappband. **DM 12,80**/S 99.–

Weihnachtsbäckerei
Köstliche Plätzchen, Stollen,
Honigkuchen und Festtagstorten. (0682)
Von Marlies Sauerborn, 32 S., 34 Farb-
fotos, Spiralbindung. **DM 6,80**/S 59.–

Waffeln
süß und pikant. (0522) Von Christiane
Stephan, 64 S., 4 Farbtafeln, kart.
DM 6,80/S 59.–

Mehr Freude und Erfolg beim Brotbacken
(4148) Von Anneliese und Gerhard
Eckert, 160 S., 177 Farbfotos, Pappband.
DM 24,80/S 198.–

Brotspezialitäten
knusprig backen – herzhaft kochen.
(5088) Von Jack W. Hochscheid und Lutz
Helger, 64 S., 50 Farbfotos, Pappband.
DM 12,80/S 99.–

Selbst Brotbacken
Über 50 erprobte Rezepte. (0370) Von
Jens Schiermann, 80 S., 2 Zeichnungen,
4 Farbtafeln, kart. **DM 6,80**/S 59.–

Meine Vollkornbackstube
Brot · Kuchen · Aufläufe. (0616) Von Rita
Raffelt, 96 S., 4 Farbtafeln, 4 s/w-Fotos,
8 Zeichnungen, kart. **DM 6,80**/S 59.–

Backen, was allen schmeckt
Kuchen, Torten, Gebäck und Brot
(4166) Von Elke Blome, 556 S., 40 Farbtafeln, gebunden. **DM 19,80**/S 159.–

Kochen für Diabetiker
Gesund und schmackhaft für die ganze
Familie. (4132) Von M. Toeller,
W. Schumacher, A. C. Groote, 224 S.,
109 Farbfotos, 94 Zeichnungen,
gebunden. **DM 26,80**/S 218.–

Neue Rezepte für Diabetiker-Diät
Vollwertig – abwechslungsreich –
kalorienarm. (0418) Von Monika
Oehlrich, 120 S., 8 Farbtafeln, kart.
DM 9,80/S 79.–

Schlemmertips für Figurbewußte
(0680) Von Volker Kahn, 64 S.,
8 Farbtafeln, kart. **DM 9,80**/S 79.–

Wer schlank ist, lebt gesünder
Tips und Rezepte zum Schlankwerden
und -bleiben. (0562) Von Renate Mainer,
80 S., 8 Farbtafeln, kart.
DM 8,80/S 74.–

Kalorien – Joule
Eiweiß · Fett · Kohlenhydrate
tabellarisch nach gebräuchlichen
Mengen. (0374) Von Marianne Bormio,
88 S., kart., **DM 5.80**/49.–

Die 4444-Joule-Diät
Schlankessen mit Genuß. (0530) Von
Hans J. Fahrenkamp, 160 S., 8 Farb-
tafeln, kart., **DM 9,80**/S 79.–

Alles mit Joghurt
tagfrisch selbstgemacht. Mit vielen
Rezepten. (0382) Von Gerda Volz, 88 S.,
8 Farbtafeln, kart., **DM 7,80**/S 69.–

Die Brot-Diät
Ein Schlankheitsplan ohne Extreme.
(0452) Von Prof. Dr. Erich Menden und
Waltraud Aign, 92 S., 8 Farbtafeln, kart.,
DM 7,80/S 69.–

Rohkost
abwechslungsreich · schmackhaft ·
gesund. (5044) Von Ingrid Gabriel, 64 S.,
53 Farbfotos, Pappband.
DM 12.80/S 99.–

Neue Cocktails und Drinks
mit und ohne Alkohol. (0517) Von
Siegfried Späth, 128 S., 4 Farbtafeln,
kart., **DM 9,80**/S 79.–

Mixen mit und ohne Alkohol
(5017) Von Holger Hofmann, 64 S.,
35 Farbfotos, Pappband.
DM 12.80/S 99.–

Cocktails und Mixereien
(0075) Von Jonny Walker, 104 S.,
4 Farbtafeln, kart. **DM 6,80**/S 59.–

Die besten Punsche, Grogs und Bowlen
(0575) Von Friedel Dingden, 64 S.,
2 Farbtafeln, kart. **DM 6,80**/S 59.–

Weinlexikon
Wissenswertes über die Weine der Welt.
(4149) Von Urban Keller, 228 S.,
6 Farbtafeln, 395 s/w-Fotos, Pappband.
DM 29,80/S 239.–

Köstliches Lebenselixier Wein
(2204) Von Heinz Steffan, 80 S.,
73 Farbfotos, Pappband.
DM 9,80/S 85.–

Von der Romantik der blauen Stunde Cocktails und Drinks
(2209) Von Siegfried Späth, 80 S.,
25 Farbfotos und Zeichnungen, Pappband. **DM 9,80**/S 85.–

Vom Genuß des braunen Goldes Kaffee
(2213) Von Helmut Strutzmann, 80 S.,
49 Fotos, Pappband. **DM 9,80**/S 85.–

Kaffee für Genießer
(0492) Von Christiane Barthel, 88 S.,
8 Farbtafeln, kart. **DM 6,80**/S 59.–

Heißgeliebter Tee
Sorten, Rezepte und Geschichte. (4114)
Von Curt Maronde, 153 S., 16 Farbtafeln,
93 Zeichnungen, gebunden.
DM 24,80/S 198,–

Tee für Genießer.
Sorten · Riten · Rezepte. (0356) Von
Marianne Nicolin, 64 S., 4 Farbtafeln,
kart. **DM 5,80**/S 49,–

Tee
Herkunft · Mischungen · Rezepte. (0515)
Von Sonja Ruske, 96 S., 4 Farbtafeln,
viele Abbildungen, Pappband.
DM 9,80/S 79,–

Vom höchsten Genuß des Teetrinkens
(2201) Von Inge Ubenauf, 80 S.,
57 Farbfotos, Pappband.
DM 9,80/S 85,–

Mitbringsel aus meiner Küche
(0668) Von Christine Schönherr, 32 S.,
30 Farbfotos, Spiralbindung.
DM 7,80/S 69,–

Kinder lernen spielend backen
(5110) Von Margrit Gutta, 64 S.,
50 Farbfotos, Pappband.
DM 12,80/S 99,–

Kinder lernen spielend kochen
(5096) Von Margrit Gutta, 64 S.,
45 Farbfotos, Pappband.
DM 12,80/S 99,–

Biologisch Backen
Neue Rezeptideen für Kuchen, Brote,
Kleingebäck aus vollem Korn
(4174) Von Maren Bustorf-Hirsch, 136 S.,
15 Farbtafeln, 47 Zeichnungen, kart.
DM 14,80/S 119,–

Das Reformhaus-Kochbuch
Gesunde Ernährung mit hochwertigen
Naturprodukten
(4180) Von A. u. G. Eckert, 160 S.,
15 Farbtafeln, Pbd., **DM 24,80**/S 198,–

Biologische Ernährung
für eine natürliche und gesunde
Lebensweise. (4125) Von C. Leibold,
136 S., 15 Farbtafeln, 47 Zeichnungen,
kart. **DM 12,80**/S 99,–

Biologisch Kochen
– vitaminreich und naturbelassen (4126)
Von Maren Bustdorf-Hirsch und Karin
Siegel, 144 S., 15 Farbtafeln, 51 Zeichnungen, kart., **DM 14,80**/S 119,–

Gesund leben – schlank werden mit der
Bio-Kur
(0657) Von Sylvia Winter, 144 S.,
48 Farbtafeln, kart. **DM 9,80**/S 79,–

Hobby

Aquarellmalerei
als Kunst und Hobby. (4147) Von
Horst Haack und Brigitte Wersche,
136 S., 62 Farbfotos, 119 Zeichnungen,
gebunden **DM 39,–**/S 319,–

Aquarellmalerei
Materialien · Techniken · Motive.
(5099) Von Thomas Hinz, 64 S., 79
Farbfotos, Pappband. **DM 12,80**/S 99,–

Naive Malerei
leicht gemacht. (5083) Von Felizitas
Krettek, 64 S., 76 Farbfotos, Pappband.
DM 12,80/S 99,–

Zeichnen Sie mal – malen Sie mal.
(5095) Von Ferry Ahrlé und Volker Kühn,
112 S., 16 Farbfotos, viele Zeichnungen,
kart. **DM 14,80**/S 119,–

Bauernmalerei
als Kunst und Hobby. (4057) Von
Arbo Gast und Hannie Stegmüller, 128 S.,
239 Farbfotos, 26 Riß-Zeichnungen,
gebunden. **DM 39,–**/S 319,–

Hobby-Bauernmalerei
(0436) Von Senta Ramos und Jo Roszak,
80 S., 116 Farbfotos und 28 Motivvorlagen, kart. **DM 19,80**/S 159,–

Bauernmalerei
Kreatives Hobby nach alter Volkskunst
(5039) Von Senta Ramos, 64 S.,
78 Farbfotos, Pappband.
DM 12,80/S 99,–

Glasmalerei
als Kunst und Hobby. (4088) Von
Felizitas Krettek und Suzanne Beeh-Lustenberger, 132 S., 182 Farbfotos,
36 Motivvorlagen, gebunden.
DM 39,–/S 319,–

Glasritzen
Materialien, Formen, Motive. (5109) Von
Gerlind Mégroz, 64 S., 110 Farbfotos,
15 Zeichnungen, Pappband.
DM 14,80/S 119,–

Brandmalerei
leicht gemacht. (5106) Von Klaus
Reinhardt, 64 S., 68 Farbfotos, 23 Zeichnungen, Pappband. **DM 12,80**/S 99,–

Zauberhafte Seidenmalerei
Materialien · Techniken · Gestaltungsvorschläge. (0664) Von Erika Dorn,
32 S., 62 Farbfotos, Spiralbindung.
DM 6,80/S 59,–

Hobby Seidenmalerei
(0611) Von Renate Henge, 88 S.,
106 Farbfotos, 28 Zeichnungen, kart.
DM 19,80/S 159,–

Hobby Stoffdruck und Stoffmalerei
(0555) Von Anneliese Ursin, 80 S.,
68 Farbfotos, 68 Zeichnungen, kart.
DM 19,80/S 159,–

Stoffmalerei und Stoffdruck
leicht gemacht. (5074) Von Heide
Gehring, 64 S., 110 Farbfotos, Pappband.
DM 12,80/S 99,–

Batik
leicht gemacht. (5112) Von Arbo Gast,
64 S., 105 Farbfotos, Pappband.
DM 12,80/S 99,–

Schöne Geschenke selbermachen
(4128) Von Marlene Kühnle, 128 S.,
278 Farbfotos, 85 farbige Zeichnungen,
gebunden. **DM 39,–**/S 319,–

Schöne Sachen selbermachen
88 Ideen zum Modellieren und Verschenken. (5117) Von Evelyn Guder-Thelen, 64 S., 73 Farbfotos, Pappband.
DM 12,80/S 99,–

Flechten
mit Bast, Stroh und Peddigrohr. (5098)
Von Hanne Hangleiter, 64 S.,
47 Farbfotos, 76 Zeichnungen,
Pappband. **DM 12,80**/S 99,–

Makramee
als Kunst und Hobby. (4085) Von Eva
Andersen, 128 S., 114 Farbfotos,
157 s/w-Fotos, gebunden.
DM 39,–/S 319,–

Makramee
Knüpfarbeiten leicht gemacht.
(5075) Von Birte Pröttel, 64 S., 95 Farbfotos, Pappband. **DM 12,80**/S 99,–

Häkeln
Schritt für Schritt für Rechts- und Linkshänder. (5134) Von Hella Klaus, 64 S.,
120 Farbfotos, 144 Zeichnungen,
Pappband. **DM 14,80**/S 119,–

Häkeln und Makramee
Techniken · Geräte · Arbeitsmuster.
(0320) Von Dr. Marianne Stradal, 104 S.,
191 Abbildungen und Schemata, kart.
DM 6,80/S 59,–

Sticken
Schritt für Schritt für Rechts- und Linkshänder. (5135) Von Ute Werner, 64 S.,
196 Farbfotos, 96 Zeichnungen,
Pappband. **DM 14,80**/S 119,–

Falken-Handbuch **Stricken**
ABC der Stricktechniken und Strickmuster in ausführlichen Schritt-für-Schritt-Bildfolgen. (4137) Von Maria
Natter, 312 S., 32 Farbtafeln, über 800
Fotos und Zeichnungen, gebunden.
DM 29,80/S 239,–

Selbstgestrickte Puppen
Materialien und Arbeitsanleitungen.
(0638) Von Bertl Wehrle, 32 S., 23 Farbfotos, 24 Zeichnungen, Spiralbindung.
DM 6,80/S 59,–

Strick mit!
Ein Kurs für Anfänger. (5094) Von Birte
Pröttel, 120 S., 72 Farbfotos, 188 s/w-Abb., kart. **DM 14,80**/S 119,–

Stoff- und Kuscheltiere
stricken, häkeln, nähen. (5090) Von Birte
Pröttel, 64 S., 50 Farbfotos, Pappband.
DM 12,80/S 99,–

Textiles Gestalten
Weben, Knüpfen, Batiken, Sticken,
Objekte und Strukturen. (5123) Von
Johann Fricke, 136 S., 67 Farb- und
189 s/w-Fotos, 15 Farbtafeln, kart.
DM 16,80/S 139,–

Gestalten mit Glasperlen
Fädeln · Sticken · Weben (0640) Von
Angelika Köhler, 32 S., 55 Farbfotos,
Spiralbindung. **DM 6,80**/S 59,–

Marionetten
Entwerfen · Gestalten · Führen (5118)
Von Axel Krause und Alfred Bayer, 64 S.,
83 Farbfotos, 2 s/w-Fotos, 40 Zeichnungen, Pappband. **DM 14,80**/S 119,–

Arbeiten mit Ton
(5048) Von Johann Fricke, 128 S.,
15 Farbtafeln, 166 s/w-Fotos, kart.
DM 14,80/S 119,–

Töpfern
als Kunst und Hobby. (4073) Von Johann Fricke, 132 S., 37 Farbfotos, 222 s/w-Fotos, gebunden. **DM 29,80**/S 239,–

Neue zauberhafte Salzteig-Ideen
(0719) Von Isolde Kiskalt, 80 S., 320 Farbfotos, 12 Zeichnungen, kart., **DM 19,80**/S 159,–

Hobby Salzteig
(0662) Von Isolde Kiskalt, 80 S., 150 Farbfotos, 5 Zeichnungen, Schablonen, kart. **DM 19,80**/S 159,–

Gestalten mit Salzteig
Formen · Bemalen · Lackieren. (0613) Von Wolf-Ulrich Cropp, 32 S., 56 Farbfotos, 17 Zeichnungen, Spiralbindung. **DM 7,80**/S 69,–

Buntbemalte Kunstwerke aus Salzteig
Figuren, Landschaften und Wandbilder. (5141) Von Gabi Belli, 64 S., 165 Farbfotos, 1 Zeichnung, Pappband. **DM 12,80**/S 99,–

Tiffany-Lampen selbermachen
(0684) Von Ingeborg Spliethoff, 32 S., 60 Farbfotos, Spiralbindung. **DM 7,80**/S 69,–

Kerzen und Wachsbilder
gießen · modellieren · bemalen. (5108) Von Christa Riess, 64 S., 110 Farbfotos, Pappband. **DM 12,80**/S 99,–

Zinngießen
leicht gemacht. (5076) Von Käthi Knauth, 64 S., 85 Farbfotos, Pappband. **DM 12,80**/S 99,–

Schmuck und Objekte aus Metall und Email
(5078) Von Johann Fricke, 120 S., 183 Abbildungen, kart. **DM 16,80**/S 139,–

Leder
schneiden · prägen · besticken. (5125) Von Karl-Heinz Bühler, 64 S., 54 Farbfotos, 32 Zeichnungen, Pappband. **DM 14,80**/S 119,–

Hobby Holzschnitzen
Von der Astholzfigur zur Vollplastik. (5101) Von Heinz-D. Wilden, 112 S., 16 Farbtafeln, 135 s/w-Fotos, kart. **DM 16,80**/S 139,–

Papiermachen
ein neues Hobby. (5105) Von Ralf Weidenmüller, 64 S., 84 Farbfotos, 9 s/w-Fotos, 14 Zeichnungen, Pappband. **DM 14,80**/S 119,–

Falken-Handbuch **Heimwerken**
Reparieren und selbermachen in Haus und Wohnung – über 1100 Farbfotos. Sonderteil: Praktisches Energiesparen. (4117) Von Thomas Pochert, 440 S., 1103 Farbfotos, 100 ein- und zweifarbige Abb., gebunden. **DM 49,–**/S 398,–

Restaurieren von Möbeln Stilkunde, Materialien, Techniken, Arbeitsanleitungen. (4120) Von Ellinor Schnaus-Lorey, 152 S., 418 Zeichnungen, s/w-und Farbfotos, gebunden. **DM 39,–**/S 319,–

Möbel aufarbeiten, reparieren, pflegen
(0386) Von Ellinor Schnaus-Lorey, 96 S., 28 Fotos und 101 Zeichnungen, kart., **DM 6,80**/S 59,–

Gestalten mit Naturmaterialien
Zweige, Kerne, Federn, Muscheln und anderes. (5128) Von Ilse Krohn, 64 S., 101 Farbfotos, 11 farbige Zeichnungen, Pappband. **DM 14,80**/S 119,–

Dauergestecke
mit Zweigen, Trocken- und Schnittblumen. (5121) Von Gabriele Vocke, 64 S., 57 Farbfotos, Pappband. **DM 14,80**/S 119,–

Blumengestecke im Ikebanastil
(5041) Von Gabriele Vocke, 64 S., 37 Farbfotos, viele Zeichnungen, kart. **DM 14,80**/S 119,–

Trockenblumen und Gewürzsträuße
(5084) Von Gabriele Vocke, 64 S., 63 Farbfotos, Pappband. **DM 12,80**/S 99,–

Hobby Trockenblumen
Gewürzsträuße, Gestecke, Kränze, Buketts. (0643) Von Rosemie Strobel-Schulze, 88 S., 170 Farbfotos, kart. **DM 19,80**/S 159,–

Hobby Gewürzsträuße
Zauberhafte Gebinde nach Salzburger Art (0726) Von Anneliese Ott, 80 S., 101 Fotos, 51 Zeichnungen, kart., **DM 19,80**/S 159,–

Modellieren
mit selbsthärtendem Material. (5085) Von Klaus Reinhardt, 64 S., 93 Farbfotos, Pappband. **DM 12,80**/S 99,–

Formen mit Backton
Töpfern ohne Brennofen. (0612) Von Angelika Köhler, 32 S., 51 Farbfotos, Spiralbindung. **DM 7,80**/S 69,–

Keramik kreativ gestalten
(5072) Von Ewald Stark, 64 S., 117 Farbfotos, Pappband. **DM 12,80**/S 99,–

Formen gießen und bemalen
(0639) Von Heidemarie Berger, 32 S., 46 Farbfotos, Spiralbindung. **DM 6,80**/S 59,–

Porzellanpuppen
Zauberhafte alte Puppen selbst nachbilden. (5138) Von Carol Ann und Debbie Stanton, 64 S., 58 Farbtafeln, 22 Zeichnungen, Pappband. **DM 16,80**/S 139,–

Vogelhäuschen, Nistkästen, Vogeltränken mit Plänen und Anleitungen zum Selbstbau. (0695) Von Joachim Zech, 32 S., 42 Farbfotos, 5 Zeichnungen, Spiralbindung. **DM 7,80**/S 69,–

Das Herbarium
Pflanzen sammeln, bestimmen und pressen. Gestalten mit Blüten, Blättern und Gräsern. (5113) Von Ingrid Gabriel, 96 S., 140 Farbtafeln, 6 farbige Zeichnungen, Pappband. **DM 16,80**/S 139,–

Ikebana
Einführung in die japanische Kunst des Blumensteckens. (0548) Von Gabriele Vocke, 152 S., 47 Farbfotos, kart. **DM 19,80**/S 159,–

Origami –
die Kunst des Papierfaltens. (0280) Von Robert Harbin, 160 S., über 600 Zeichnungen, kart. **DM 9,80**/S 79,–

Advent und Weihnachten
Basteln – Backen – Schmücken – Feuern. (4067) Von Margrit Gutta, Hanne Hangleiter, Felicitas Buttig, Ingeborg Rathmann, Gabriele Vocke, 152 S., 15 Farbtafeln, zahlr. Abb., kart. **DM 12,80**/S 99,–

Weihnachtsbasteleien
(0667) Von Marlene Kühnle und Sven Beck, 32 S., 56 Farbfotos, 6 Zeichnungen, Spiralbindung. **DM 6,80**/S 59,–

Stricken
Schritt für Schritt für Rechts- und Linkshänder. (5142) Von Sabine Oelwein-Schefczik. 64 S., 148 Farbfotos, 173 Zeichnungen, Pappband, **DM 14,80**/S 119,–

Kuscheltiere stricken und häkeln
(0734) Von Bertl Wehrle, 32 S., 60 Farbfotos, 28 Zeichnungen, Spiralbindung. **DM 7,80**/S 69,–

Schritt für Schritt zum Scherenschnitt
(0732) Von Heide Klingmüller, 32 S., 38 Vorlagen, Spiralbindung. **DM 7,80**/S 69,–

Dekorative Rupfenpuppen
Arbeitsanleitungen und Gestaltungsvorschläge. (0733) Von Bärbel Wenzelburger, 32 S., 57 Farbfotos, 14 Zeichnungen, Spiralbindung, **DM 7,80**/S 69,–

Pullover, Westen, Ensembles, Jacken
(4178) Von Ruth Weber, 208 S., 220 Farbfotos, 358 Zeichnungen, Pappband, **DM 29,80**/S 239,–

Die Preise entsprechen dem Status beim Druck dieses

Freizeit

Aktfotografie
Gestaltung, Technik, Spezialeffekte (0737) Von Prof. Heinz Wedewardt, 88 S., 144 Farb- und 6 s/w-Fotos, 6 Zeichnungen, kart., **DM 19,80**/S 159.–

Videokassette Aktfotografie
Laufzeit ca. 60 Min. In Farbe. VHS (6001), Video 2000 (6002), Beta (6003) **DM 98,–**/S 882.–

Moderne Fotopraxis
Bildgestaltung · Aufnahmepraxis · Kameratechnik · Fotolexikon. (4030) Von Wolfgang Freihen, 304 S., 50 Farbfotos, 194 s/w-Abb., gebunden. **DM 36,–**/S 298.–

So macht man bessere Fotos
Das meistverkaufte Fotobuch der Welt. (0614) Von Martin L. Taylor, 192 S., 457 Farbfotos, 15 Abb., kart. **DM 14,80**/S 119,–

Falken-Handbuch Dunkelkammerpraxis
Laboreinrichtung · Arbeitsabläufe Fehlerkatalog. Mit den neuesten Farbentwicklungsverfahren. (4140) Von Eugen Pauli, 200 S., 54 Farbfotos, 239 s/w-Fotos, 171 Zeichnungen, Pappband. **DM 29,80**/ S 239,–

Falken-Handbuch Trickfilmen
Flach-, Sach- und Zeichentrickfilme – von der Idee zur Ausführung. (4131) Von Heinz-D. Wilden, 144 S., über 430 überwiegend farbige Abb., gebunden. **DM 39,–**/S 319,–

Moderne Schmalfilmpraxis
Ausrüstungen · Drehbuch · Aufnahme Schnitt · Vertonung. (4043) Von Uwe Ney, über 200 Abb., kart. **DM 29,80**/S 239,–

Schmalfilmen
Ausrüstung · Aufnahmepraxis · Schnitt Ton. (0342) Von Uwe Ney, 108 S., 4 Farbtafeln, 25 s/w-Fotos, kart. **DM 9,80**/S 79,–

Schmalfilme selbst vertonen
(0593) Von Uwe Ney, 96 S., 57 s/w-Fotos, 14 Zeichnungen, kart. **DM 9,80**/S 79,–

Falken-Handbuch Videofilmen
Systeme, Kameras, Aufnahme, Ton und Schnitt. (4093) Von Peter Lanzendorf, 288 S., 8 Farbtafeln, 165 s/w-Fotos, 25 Zeichnungen, gebunden. **DM 36,–**/S 298,–

Ferngelenkte Motorflugmodelle
bauen und fliegen. (0400) Von Werner Thies, 184 S., mit Zeichnungen und Detailplänen, kart. **DM 12,80**/S 99,–

Modellflug-Lexikon
(0549) Von Werner Thies, 280 S., 98 s/w-Fotos, 234 Zeichnungen, Pappband. **DM 36,–**/S 298,–

Flugmodelle
bauen und einfliegen. (0361) Von Werner Thies und Willi Rolf, 160 S., 63 Abb., 7 Farbtafeln, kart. **DM 12,80**/S 99,–

Kleine Welt auf Rädern
Das faszinierende Spiel mit Modelleisenbahnen (4175) Von Florian Eisen, 256 S., 72 Farb- und 180 s/w-Fotos, 25 Zeichnungen, Pappband. **DM 29,80**/ S 239,–

Fotografie – Das Schöne als Ziel
Zur Ästhetik und Psychologie der visuellen Wahrnehmung. (4122) Von Ewald Stark, 208 S., 252 Farbfotos, 63 Zeichnungen, Ganzleinen. **DM 78,–**/S 624,–

Freude am Fotografieren
(4127) Von der Fachredaktion Kodak, 312 S., über 500 Farbfotos, Pappband. **DM 48,–**/S 398,–

Raketen auf Rädern
Autos und Motorräder an der Schallgrenze. (4220) Von Hans G. Isenberg. 96 S., 112 großformatige Farbfotos, 21 s/w-Fotos, Pappband. **DM 24,80**/S 198,–

Die rasantesten Rallyes der Welt
(4213) Von Hans G. Isenberg und Dirk Maxeiner, 96 S., 116 großformatige Farbfotos, Pappband. **DM 24,80**/S 198,–

Auto-Rallyes für jedermann
Planen – ausrichten – mitfahren. (0457) Von Rüdiger Hagelberg, 104 S., kart. **DM 9,80**/S 79,–

Die schnellsten Autos der Welt
(4201) Von Hans G. Isenberg und Dirk Maxeiner, 96 S., 110 meist vierfarbige Abb., Pappband. **DM 24,80**/S 198,–

Trucks
Giganten der Landstraßen in aller Welt. (4222) Von Hans G. Isenberg, 96 S., 131 Farbfotos, Pappband. **DM 24,80**/S 198,–

CB-Code
Wörterbuch und Technik. (0435) Von Richard Kerler, 120 S., mit technischen Abb., kart. **DM 7,80**/S 69,–

Ferngelenkte Elektromodelle
… bauen und fliegen. (0700) Von Werner Thies, 144 S., 52 s/w-Fotos, 52 Zeichnungen, kart. **DM 16,80**/139.–

Schiffsmodelle
selber bauen. (0500) Von Dietmar und Reinhard Lochner, 200 S., 93 Zeichnungen, 2 Faltpläne, kart. **DM 14,80**/S 119,–

Dampflokomotiven
(4204) Von Werner Jopp, 96 S., 134 großformatige Farbfotos, Pappband. **DM 24,80**/S 198,–

Zivilflugzeuge
Vom Kleinflugzeug zum Überschall-Jet. (4218) Von Richard J. Höhn und Hans G. Isenberg, 96 S., 115 großformatige Farbfotos, Pappband. **DM 24,80**/S 198,–

Die tollsten Motorflugzeuge aller Zeiten
(4208) Von Richard J. Höhn und Hans G. Isenberg, 96 S., 86 großformatige Farbfotos, Pappband. **DM 24,80**/S 198,–

Die schnellsten Motorräder der Welt
(4206) Von Hans G. Isenberg und Dirk Maxeiner, 96 S., 100 großformatige Farbfotos, Pappband. **DM 24,80**/S 198,–

Motorrad-Hits
Chopper, Tribikes, Heiße Öfen (4221) Von Hans G. Isenberg, 96 S., 119 Farbfotos, Pappband. **DM 24,80**/S 198,–

Ferngelenkte Segelflugmodelle
bauen und fliegen. (0446) Von Werner Thies, 176 S., 22 s/w-Fotos, 115 Zeichnungen, kart. **DM 14,80**/S 119,–

ZDF-Freizeitkalender 1985
(0697) 30 S., 32 Zeichnungen, **DM 12.80**/S 99.–

Münzen
Ein Brevier für Sammler. (0353) Von Erhard Dehnke, 128 S., 4 Farbtafeln, 17 s/w-Abb., kart. **DM 9,80**/S 79.–

Astronomie als Hobby
Sternbilder und Planeten erkennen und benennen. (0572) Von Detlev Block, 176 S., 16 Farbtafeln, 49 s/w-Fotos, 93 Zeichnungen, kart. **DM 14.80**/S 119.–

Gitarre spielen
Ein Grundkurs für den Selbstunterricht. (0572) Von Atti Roßmann, 96 S., 1 Schallfolie, 150 Zeichnungen, kart. **DM 24,80**/S 198.–

Falken-Handbuch Zaubern
Über 400 verblüffende Tricks. (4063) Von Friedrich Stutz, 368 S., 1200 Zeichnungen, geb. **DM 29,80**/S 239.–

Die liebenswerte Welt der Puppen
(2212) Von Ursula D. Damrau, 80 S., 60 Fotos, Pappband. **DM 9,80**/S 85.–

Entdecken Sie den Hunsrück
(2502) Von Gerhard Eckert, 96 S., 60 Farbfotos, kart., **DM 9,80**/S 79.–

Entdecken Sie das Hochsauerland und den Arnsberger Wald
(2503) Von Gerhard Eckert, 96 S., 75 Farbfotos, 3 Karten, kart. **DM 9,80**/S 79.–

Entdecken Sie Kärnten
(2505) Von Gerhard Eckert, 96 S., 96 Farbfotos, kart. **DM 9,80**/S 79.–

Entdecken Sie den Bodensee
(2506) Von Gerhard Eckert, 96 S., 97 Farbfotos, kart. **DM 9,80**/S 79.–

Entdecken Sie das Montafon
(2501) Von Gerhard Eckert, 96 S., 82 Farbfotos, kart. **DM 9,80**/S 79.–

Romantisches Deutschland
(4168) Von H. Bücken, 160 S., über 350 Fotos, Pappband, **DM 25,–**/S 200.–

Zaubern
einfach – aber verblüffend. (2018) Von Dieter Buoch, 84 S., 41 Zeichnungen, kart. **DM 6,80**/S 59.–

Zaubertricks
Das große Buch der Magie. (0282) Von Jochen Zmeck, 244 S., 113 Abb., kart. **DM 14,80**/S 119.–

Magische Zaubereien
(0672) Von Wilhelm Widenmann, 64 S., 31 Zeichnungen, kart. **DM 7,80**/S 69.–

Pfeife rauchen
(2203) Von Walter Hufnagel, 80 S., 77 Farbfotos, 4 s/w-Fotos, 11 Zeichnungen, Pappband. **DM 9,80**/S 85.–

Mineralien, Steine und Fossilien
Grundkenntnisse für Hobbysammler. (0437) Von Dieter Stobbe, 96 S., 16 Farbtafeln, 14 s/w-Fotos, 10 Zeichnungen, kart. **DM 9,80**/S 79.–

Freizeit mit dem Mikroskop
(0291) Von Martin Deckart, 132 S., 69 s/w-Fotos, 4 Zeichnungen, kart. **DM 9,80**/S 79.–

Mineralien und Steine
erkennen und benennen. Farben · Formen · Fundorte. (0409) Von Rudolf Graubner, 136 S., 100 Farbfotos, kart. **DM 14,80**/S 119.–

Briefmarken
sammeln für Anfänger. (0481) Von Dieter Stein, 120 S., 4 Farbtafeln, 98 s/w-Abb., kart. **DM 7,80**/S 69.–

– Verzeichnisses (s. Seite 1) – Änderungen vorbehalten –

Sport

Judo
Grundlagen des Stand- und Bodenkampfes. (4013) Von Wolfgang Hofmann, 244 S., 589 Fotos, gebunden **DM 29,80** /S 239.–

Neue Lehrmethoden der Judo-Praxis
(0424) Von Pierre Herrmann, 223 S., 475 Abb., kart. **DM 16,80** /S 139.–

Judo
Grundlagen – Methodik. (0305) Von Mahito Ohgo, 208 S., 1025 Fotos, kart. **DM 14,80** /S 119.–

Wir machen Judo
(5069) Von Riccardo Bonfranchi und Ulrich Klocke, 92 S., mit Bewegungsabläufen in cartoonartigen zweifarbigen Zeichnungen, kart. **DM 12,80** /S 99.–

Fußwürfe
für Judo, Karate und Selbstverteidigung. (0439) Von Hayward Nishioka, 96 S., 260 Abb., kart. **DM 9,80** /S 79.–

Karate für alle
Karate Selbstverteidigung in Bildern. (0314) Von Albrecht Pflüger, 112 S., 356 s/w-Fotos, kart. **DM 9,80** /S 79.–

Karate für Frauen und Mädchen
Sport und Selbstverteidigung. (0425) Von Albrecht Pflüger, 168 S., 259 s/w-Fotos, kart. **DM 9,80** /S 79.–

Das Karate-Buch Ereignis seit Jahren! Alles Wissen über KARATE – die hohe Kunst der Selbstverteidigung – in einer 8bändigen Buchserie.

Nakayamas Karate perfekt 1
Einführung. (0487) Von Masatoshi Nakayama, 136 S., 605 s/w-Fotos, kart. **DM 19,80** /S 159.–

Nakayamas Karate perfekt 2
Grundtechniken. (0512) Von Masatoshi Nakayama, 136 S., 354 s/w-Fotos, 53 Zeichnungen, kart. **DM 19,80** /S 159.–

Nakayamas Karate perfekt 3
Kumite 1: Kampfübungen. (0538) Von Masatoshi Nakayama, 128 S., 424 s/w-Fotos, kart. **DM 19,80** /S 159.–

Nakayamas Karate perfekt 4
Kumite 2: Kampfübungen. (0547) Von Masatoshi Nakayama, 128 S., 394 s/w-Fotos, kart. **DM 19,80** /S 159.–

Nakayamas Karate perfekt 5
Kata 1: Heian, Tekki. (0571) Von Masatoshi Nakayama, 144 S., 1229 s/w-Fotos, kart. **DM 19,80** /S 159.–

Nakayamas Karate perfekt 6
Kata 2: Bassai-Dai, Kanku-Dai, (0600) Von Masatoshi Nakayama, 144 S., 1300 s/w-Fotos, 107 Zeichnungen, kart. **DM 19,80** /S 159.–

Nakayamas Karate perfekt 7
Kata 3: Jitte, Hangetsu, Empi. (0618) Von Masatoshi Nakayama, 144 S., 1988 s/w-Fotos, 105 Zeichnungen, kart. **DM 19,80** /S 159.–

Nakayamas Karate perfekt 8
Gankaku, Jion. (0650) Von Masatoshi Nakayama, 144 S., 1174 s/w-Fotos, kart. **DM 19,80** /S 159.–

Kontakt-Karate
Ausrüstung · Technik · Training. (0396) Von Albrecht Pflüger, 112 S., 238 s/w-Fotos, kart. **DM 14,80** /S 119.–

Karate-Do
Das Handbuch des modernen Karate. (4028) Von Albrecht Pflüger, 360 S., 1159 Abb., gebunden. **DM 29,80** /S 239.–

Bo-Karate
Kukishin-Ryu – die Techniken des Stockkampfes. ((0447) Von Georg Stiebler, 176 S., 424 s/w-Fotos, 38 Zeichnungen, kart. **DM 16,80** /S 139.–

Karate I
Einführung · Grundtechniken. (0227) Von Albrecht Pflüger, 148 S., 195 s/w-Fotos und Zeichnungen, kart. **DM 9,80** /S 79.–

Karate II
Kombinationstechniken · Katas. (0239) Von Albrecht Pflüger, 176 S., 452 s/w-Fotos und Zeichnungen, kart. **DM 9,80** /S 79.–

Karate Kata I
(0683) Von Wolf-Dieter Wichmann, ca. 144 S., ca. 350 Fotos, kart. **ca. DM 16,80** /S 139.–

Der König des Kung-Fu Bruce Lee
Sein Leben und Kampf. (0392) Von seiner Frau Linda. 136 S., 104 s/w-Fotos, mit großem Bruce-Lee-Poster, kart. **DM 19,80** /S 159.–

Bruce Lees Kampfstil 1
Grundtechniken. (0473) Von Bruce Lee und M. Uyehara, 109 S., 220 Abb., kart. **DM 9,80** /S 79.–

Bruce Lees Kampfstil 2
Selbstverteidigungstechniken. (0486) Von Bruce Lee und M. Uyehara, 128 S., 310 Abb., kart. **DM 9,80** /S 79.–

Bruce Lees Kampfstil 3
Trainingslehre. (0503) Von Bruce Lee und M. Uyehara, 112 S., 246 Abb., kart. **DM 9,80** /S 79.–

Bruce Lees Kampfstil 4
Kampftechniken. (0523) Von Bruce Lee und M. Uyehara, 104 S., 211 Abb., kart. **DM 9,80** /S 79.–

Bruce Lees Jeet Kune Do
(0440) Von Bruce Lee, übersetzt von Hans-Jürgen Hesse, 192 S., mit 105 eigenhändigen Zeichnungen von Bruce Lee, kart. **DM 19,80** /S 159.–

Ju-Jutsu
Grundtechniken – Moderne Selbstverteidigung. (0276) Von Werner Heim und Franz J. Gresch, 160 S., über 600 s/w-Fotos, kart. **DM 9,80** /S 79.–

Ju-Jutsu 2
für Fortgeschrittene und Meister. (0378) Von Werner Heim und Franz J. Gresch, 164 S., 798 s/w-Fotos, kart. **DM 19,80** /S 159.–

Ju-Jutsu 3
Spezial-, Gegen- und Weiterführungstechniken. (0485) Von Werner Heim und Franz J. Gresch, 214 S., über 600 s/w-Fotos, kart. **DM 19,80** /S 159.–

Nunchaku
Waffe · Sport · Selbstverteidigung. (0373) Von Albrecht Pflüger, 144 S., 247 Abb., kart. **DM 16,80** /S 139.–

Shuriken · Tonfa · Sai
Stockfechten und andere bewaffnete Kampfsportarten aus Fernost. (0397) Von Andreas Schulz, 96 S., 253 s/w-Fotos, kart. **DM 12,80** /S 99.–

Illustriertes Handbuch des Taekwon-Do
Koreanische Kampfkunst und Selbstverteidigung. (4053) Von Konstantin Gil, 248 S., 1026 Abb., gebunden. **DM 29,80** /S 239.–

Taekwon-Do
Koreanischer Kampfsport. (0347) Von Konstantin Gil, 152 S., 408 Abb., kart. **DM 12,80** /S 99.–

Aikido
Lehren und Techniken des harmonischen Weges. (0537) Von Rolf Brand, 280 S., 697 Abb., kart. **DM 19,80** /S 159.–

Kung-Fu und Tai-Chi
Grundlagen und Bewegungsabläufe. (0367) Von Bruce Tegner, 182 S., 370 s/w-Fotos, kart. **DM 14,80** /S 119.–

Kung-Fu II
Theorie und Praxis klassischer und moderner Stile. (0376) Von Manfred Pabst, 160 S., 330 Abb., kart. **DM 12,80** /S 99.–

Shaolin-Kempo – Kung-Fu
Chinesisches Karate im Drachenstil. (0395) Von Ronald Czerni und Klaus Konrad. 246 S., 723 Abbildungen, kart. **DM 19,80** /S 159.–

Hap Ki Do
Grundlagen und Techniken koreanischer Selbstverteidigung. (0379) Von Kim Sou Bong, 112 S., 153 Abb., kart. **DM 14,80** /S 119.–

Dynamische Tritte
Grundlagen für den Zweikampf. (0438) Von Chong Lee, 96 S., 398 s/w-Fotos, 10 Zeichnungen, kart. **DM 9,80** /S 79.–

Muskeltraining mit Hanteln
Leistungssteigerung für Sport und Fitness. (0676) Von Hans Schulz, 108 S., 92 s/w-Fotos, 2 Zeichnungen, kart. **DM 9,80** /S 79.–

Leistungsfähiger durch Krafttraining
Eine Anleitung für Fitness-Sportler, Trainer und Athleten (0617) Von Werner Kieser, 100 S., 20 s/w-Fotos, 62 Zeichnungen, kart. **DM 9,80** /S 79.–

Bodybuilding
Anleitung zum Muskel- und Konditionstraining für sie und ihn. (0604) Von Reinhard Smolana. 160 S., 172 Fotos, kart. **DM 9,80** /S 79.–

Bodybuilding für Frauen
Wege zu Ihrer Idealfigur (0661) Von Hans Schulz, 108 S., 84 s/w-Fotos, großes farbiges Übungsposter, kart. **DM 14,80** /S 119.–

Isometrisches Training
Übungen für Muskelkraft und Entspannung. (0529) Von Lothar M. Kirsch, 140 S., 164 s/w-Fotos, kart. **DM 9,80**/S 79.–

Radsport
Radtouristik und Rennen, Technik, Typen. (0550) Von Karl Ziegler und Rolf Lehmann, 120 S., 55 Abb., kart. **DM 9,80**/S 79.–

Walking
Fit, schlank und gesund durch Sportgehen. (0602) Von Gary D. Yanker, 104 S., 47 s/w-Fotos, kart. **DM 12,80**/S 99.–

Spaß am Laufen
Jogging für die Gesundheit. (0470) Von Werner Sonntag, 140 S., 41 s/w-Fotos, 1 Zeichnung, kart. **DM 9,80**/S 79.–

Mein bester Freund, der Fußball
(5107) Von Detlev Brüggemann und Dirk Albrecht, 144 S., 171 Abb., kart. **DM 16,80**/S 139.–

Fußball
Training und Wettkampf. (0448) Von Holger Obermann und Peter Walz, 166 S., 93 s/w-Fotos, 56 Zeichnungen, kart. **DM 12,80**/S 99.–

Handball
Technik – Taktik – Regeln. (0426) Von Fritz und Peter Hattig, 128 S., 91 s/w-Fotos, 121 Zeichnungen, kart. **DM 14,80**/S 119.–

Volleyball
Technik – Taktik – Regeln. (0351) Von Henner Huhle, 102 S., 330 Abb., kart. **DM 9,80**/S 79.–

Basketball
Technik und Übungen für Schule und Verein. (0279) Von Chris Kyriasoglou, 116 S., mit 252 Übungen zur Basketballtechnik, 186 s/w-Fotos und 164 Zeichnungen, kart. **DM 12,80**/S 99.–

Hockey
Technische und taktische Grundlagen. (0398) Von Horst Wein, 152 S., mit vielen Zeichnungen und Fotos, kart. **DM 16,80**/S 139.–

Eishockey
Lauf- und Stocktechnik, Körperspiel, Taktik, Ausrüstung und Regeln. (0414) Von Josef Čapla, 264 S., 567 s/w-Fotos, 163 Zeichnungen, kart. **DM 19,80**/S 159.–

Badminton
Technik · Taktik · Training. (0699) Von Klaus Fuchs, Lars Sologub, 168 S., 51 Farbabb., kart., **DM 16,80**/S 139.–

Golf
Ausrüstung – Technik – Regeln. (0343) Von J. C. Jessop, übersetzt von Heinz Biemer, mit einem Vorwort von H. Krings, Präsident des Deutschen Golf-Verbandes, 160 S., 65 Abb., Anhang Golfregeln des DGV, kart. **DM 16,80**/S 139.–

Pool-Billard
(0484) Herausgegeben vom Deutschen Pool-Billard-Bund, von Manfred Bach und Karl-Werner Kühn, 88 S., mit über 80 Abb., kart. **DM 7,80**/S 69.–

Sportschießen
für jedermann. (0502) Von Anton Kovacic, 124 S., 116 s/w-Fotos, kart. **DM 14,80**/S 119.–

Fechten
Florett · Degen · Säbel. (0449) Von Emil Beck, 88 S., 219 Fotos und Zeichnungen, kart. **DM 11,80**/S 94.–

Reiten
Dressur · Springen · Gelände. (0415) Von Ute Richter, 168 S., 235 Abb., kart. **DM 12,80**/S 99.–

Reiten
Vom ersten Schritt zum Reiterglück (5033) Von Herta F. Kraupa-Tuskany, 64 S., 34 Farbfotos, 2 Zeichnungen, Pappband. **DM 12,80**/S 99.–

Voltigieren.
Pflicht · Kür · Wettkampf. (0455) Von Josephine Bach, 120 S., 4 Farbtafeln, 88 s/w-Fotos, kart. **DM 12,80**/S 99.–

Fibel für Kegelfreunde
Sport- und Freizeitkegeln · Bowling. (0191) Von Georg Bocsai, 72 S., mit über 60 Abb., kart. **DM 5,80**/S 49.–

Beliebte und neue Kegelspiele
(0271) Von Georg Bocsai, 92 S., 62 Abb., kart. **DM 5,80**/S 49.–

111 spannende Kegelspiele
(2031) Von Hermann Regulski, 88 S., 53 Zeichnungen, kart., **DM 7,80**/S 69.–

Ski-Gymnastik
Fit für Piste und Loipe. (0450) Von Hannelore Pilss-Samek, 104 S., 67 s/w-Fotos, 20 Zeichnungen, kart. **DM 6,80**/S 59.–

Skischule
Ausrüstung · Technik · Gymnastik. (0369) Von Richard Kerler, 128 S., 100 Abb., kart. **DM 9,80**/S 79.–

Skilanglauf, Skiwandern
Ausrüstung und Techniken (5129) Von Toni Reiter und Richard Kerler, 80 S., 8 Farbtafeln, 85 Zeichnungen und s/w-Fotos, kart. **DM 12,80**/S 99.–

Alpiner Skisport
Ausrüstung · Techniken · Skigymnastik (5130) Von Kuno Meßmann, 128 S., 8 Farbtafeln, 93 s/w-Fotos, 45 Zeichnungen, kart. **DM 12,80**/S 99.–

Frust und Freud beim Tennis
Psychologische Studien der Spielertypen und Verhaltensweisen. (4079) Von H. Cath, A. Kahn und N. Cobb, 176 S., gebunden. **DM 19,80**/S 159.–

Die neue Tennis-Praxis
Der individuelle Weg zu erfolgreichem Spiel. (4079) Von Richard Schönborn, 240 S., 202 Farbzeichnungen, gebunden. **DM 39,–**/S 319.–

Erfolgreiche Tennis-Taktik
(4086) Von Robert Ford Greene, übersetzt von Michael Rolf Fischer, 181 S., 87 Abb., kart. **DM 19,80**/S 159.–

Tennis kompakt
Der erfolgreiche Weg zu Spiel, Satz und Sieg. (5116) Von Wilfried Taferner, 128 S., 82 s/w-Fotos, 67 Zeichnungen, kart. **DM 12,80**/S 99.–

Tennis
Technik – Taktik – Regeln. (0375) Von Harald Elschenbroich, 112 S., 81 Abb., kart. **DM 6,80**/S 59.–

Squash
Ausrüstung – Technik – Regeln. (0539) Von Dietrich von Horn und Hein-Dirk Stünitz, 96 S., 55 s/w-Fotos, 25 Zeichnungen, kart. **DM 8,80**/S 74.–

Tischtennis
modern gespielt mit TT-Quiz 17 : 21. (0363) Von Ossi Brucker und Tibor Harangozo, 120 S., 65 Abb., kart. **DM 9,80**/S 79.–

Sporttauchen
Theorie und Praxis des Gerätetauchens. (0647) Von Siegfried Müßig, 144 S., 8 Farbtafeln, 35 s/w-Fotos, 89 Zeichnungen, kart., **DM 12,80**/S 99.–

Falken-Handbuch Tauchsport
Theorie · Geräte · Technik · Training. (4062) Von Wolfgang Freihen, 268 S., 32 Farb- u. 201 s/w-Fotos, gebunden. **DM 39,–**/S 319.–

Segeln
(4207) Von Claus Hehner, 96 S., 106 großformatige Farbfotos, Pappband. **DM 24,80**/S 198.–

Windsurfing
Lehrbuch für Grundschein und Praxis. (5028) Von Calle Schmidt, 64 S., 60 Farbfotos, Pappband. **DM 12,80**/S 99.–

Sportfischen
Fische – Geräte – Technik. (0324) Von Helmut Oppel, 144 S., 49 s/w-Fotos, 8 Farbtafeln, kart. **DM 9,80**/S 79.–

Falken-Handbuch Angeln
in Binnengewässern und im Meer. (4090) Von Helmut Oppel, 344 S., 24 Farbtafeln, 66 s/w-Fotos, 151 Zeichnungen, gebunden. **DM 39,–**/S 319.–

Angeln
Kleine Fibel für den Sportfischer. (0198) Von Eberhard Bondick, 96 S., 116 Abb., kart. **DM 8,80**/S 74.–

Die Erben Lilienthals
Sportfliegen heute
(4054) Von Günter Brinkmann, 240 S., 32 Farbtafeln, 176 s/w-Fotos, 33 Zeichnungen, gebunden. **DM 39,–**/S 319.–

Einführung in das Schachspiel
(0104) Von Walter Wollenschläger und Karl Colditz, 92 S., 65 Diagramme, kart. **DM 6,80**/S 59.–

Schach-WM '81
Karpow – Kortschnoi. Mit ausführlichem Kommentar zu allen Partien. (0583) Von Großmeister Helmut Pfleger und Otto Borik, 179 S., zahlreiche Diagramme und Fotos, kart. **DM 16,80**/S 139.–

Spielend Schach lernen
(2002) Von Theo Schuster, 128 S., kart. **DM 6,80**/S 59.–

Kinder- und Jugendschach
Offizielles Lehrbuch zur Erringung der Bauern-, Turm- und Königsdiplome des Deutschen Schachbundes. (0561) Von Berend J. Withuis und Helmut Pfleger, 144 S., 11 s/w-Fotos, 223 Abb., kart. **DM 12,80**/S 99.–

Neue Schacheröffnungen
(2007) Von Theo Schuster, 108 S., 100 Diagramme, kart. **DM 8,80**/S 74.–

Schach für Fortgeschrittene
Taktik und Probleme des Schachspiels. (0219) Von Rudolf Teschner, 96 S., 85 Schachdiagramme, kart. **DM 5,80**/S 49.–

Schach TV-Worldcup '82
Turnier der Schachgroßmeister.
(4133) Von Helmut Pfleger und
Eugen Kurz, 208 S., 41 s/w-Fotos,
3 Zeichnungen, gebunden.
DM 26,80/S 218.–

Schachstrategie
Ein Intensivkurs mit Übungen und
ausführlichen Lösungen.
(0584) Von Alexander Koblenz,
dt. Bearb. von Karl Colditz, 212 S.,
240 Diagramme, kart.
DM 16,80/S 139.–

Falken-Handbuch Schach
Das Handbuch für Anfänger und Könner.
(4051) Von Theo Schuster, 360 S.,
über 340 Diagramme, gebunden.
DM 29,80/S 239.–

Die besten Partien der deutschen Schachgroßmeister
(4121) Von Helmut Pfleger, 192 S.,
29 s/w-Fotos, 89 Diagramme, Pappband.
DM 29,80/S 239.–

Turnier der Schachgroßmeister '83
Karpow · Hort · Browne · Miles ·
Chandler · Garcia · Rogers · Kindermann.
(0718) Von Helmut Pfleger · Eugen Kurz,
176 S., 28 s/w-Fotos, 69 Diagramme,
kart. DM 16,80/S 139.–

Lehr-, Übungs- und Testbuch der Schachkombinationen
(0649) Von Karl Colditz, 184 S.,
über 200 Diagramme, kart.
DM 14,80/S 119.–

Zug um Zug
Schach für jedermann 1
Offizielles Lehrbuch des
Deutschen Schachbundes
zur Erringung des Bauerndiploms.
(0648) Von Helmut Pfleger und
Eugen Kurz, 80 S., 24 s/w-Fotos,
8 Zeichnungen, 60 Diagramme,
kart. DM 6,80/S 59.–

Schach als Kampf
(0729) Von Gary Kasparow, 144 S.,
95 Diagramme, 9 s/w-Fotos, kart.,
DM 14,80/S 119,–

Zug um Zug
Schach für jedermann 2
Offizielles Lehrbuch des Deutschen
Schachbundes zur Erringung des Turm-
diploms. (0659) Von Helmut Pfleger und
Eugen Kurz, 132 S., 8 s/w-Fotos,
14 Zeichnungen, 78 Diagramme, kart.
DM 9,80/S 79.–

Schachtraining mit den Großmeistern
(0670) Von Hans Bouwmeester, 128 S.,
90 Diagramme, kart.
DM 14,80/ S 119.–

Spiele, Denksport, Unterhaltung

Kartenspiele
(2001) Von Claus D. Grupp, 144 S.,
kart. DM 7,80/S 69.–

Neues Buch der siebzehn und vier Kartenspiele
(0095) Von Karl Lichtwitz, 96 S.,
kart. DM 6,80/S 59.–

Alles über Pokern
Regeln und Tricks.
(2024) Von Claus D. Grupp, 120 S.,
29 Kartenbilder, kart.
DM 8,80/S 74.–

Rommé und Canasta
in allen Variationen.
(2025) Von Claus D. Grupp, 124 S.,
DM 9,80/S 79.–

Schafkopf, Doppelkopf, Binokel, Cego, Gaigel, Jaß, Tarock und andere „Lokalspiele".
(2015) Von Claus D. Grupp, 152 S.,
kart. DM 9,80/S 79.–

Das Skatspiel
Eine Fibel für Anfänger.
(0206) Von Karl Lehnhoff, überarb.
von P. A. Höfges, 96 S., kart.
DM 5,80/S 49.–

Falken-Handbuch Patiencen
(4151) Von U. v. Lyncker, ca. 192 S.,
ca. 120 Abbildungen, Pappband.
DM 19,80/S 159.–

Patiencen
in Wort und Bild.
(2003) Von Irmgard Wolter, 136 S.,
kart. DM 7,80/S 69.–

Kartentricks
(2010) Von Theodor A. Rosee, 80 S.,
13 Zeichnungen, kart. DM 6,80/S 59.–

Neue Kartentricks
(2027) Von Klaus Pankow, 104 S.,
20 Abb., kart. DM 7,80/S 69.–

Falken-Handbuch Bridge
Von den Grundregeln zum Turniersport.
(4092) Von Wolfgang Voigt und Karl Ritz,
276 S., 792 Zeichnungen, gebunden.
DM 39,–/S 319.–

Spielend Bridge lernen
(2012) Von Josef Weiss, 108 S.,
kart. DM 7,80/S 69.–

Spieltechnik im Bridge
(2004) Von Victor Mollo und
Nico Gardener, deutsche Adaption von
Dirk Schröder, 216 S., kart.
DM 16,80/S 139.–

Besser Bridge spielen
Reiztechnik, Spielverlauf und
Gegenspiel. (2026) Von Josef Weiss,
143 S., mit vielen Diagrammen,
kart. DM 14,80/S 119.–

Mah-Jongg
Das chinesische Glücks-, Kombinations-
und Gesellschaftsspiel. (2030) Von
Ursula Eschenbach, 80 S., 30 s/w-Fotos,
5 Zeichnungen, kart. DM 9,80/S 79.–

Backgammon
für Anfänger und Könner. (2008) Von
Georg W. Fink und Guido Fuchs, 116 S.,
41 Abb., kart. DM 9,80/S 79.–

Würfelspiele
für jung und alt. (2007) Von Friedrich
Pruss, 112 S., kart. DM 7,80/S 69.–

Gesellschaftsspiele
für drinnen und draußen. (2006) Von
Heinz Görz, 128 S., kart.
DM 6,80/S 59.–

Spiele für Party und Familie
(2014) Von Rudi Carell, 160 S., 50 Abb.,
gebunden. DM 9,80/S 79.–

Dame
Das Brettspiel in allen Variationen.
(2028) Von Claus D. Grupp, 104 S., viele
Diagramme, kart. DM 9,80/S 79.–

Das japanische Brettspiel GO
(2020) Von Winfried Dörholt, 104 S.,
182 Diagramme, kart. DM 9,80/S 79.–

So gewinnt man gegen Video- und Computerspiele
(0644) Von Christine Kerler, 160 S.,
25 Zeichnungen, 21 s/w-Fotos, kart.
DM 6,80/S 59.–

Denksport und Schnickschnack
für Tüftler und fixe Köpfe. (0362) Von
Jürgen Barto, 100 S., 45 Abb., kart.
DM 6,80/S 59.–

Rätselspiele, Quiz- und Scherzfragen
für gesellige Stunden. (0577) Von Karl-
Hermann Schneider, 168 S., über
100 Zeichnungen, Pappband.
DM 16,80/S 139.–

Knobeleien und Denksport
(2019) Von Klas Rechberger, 142 S., mit
vielen Zeichnungen, kart.
DM 7,80/S 69.–

Quiz
Mehr als 1500 ernste und heitere Fragen
aus allen Gebieten. (0129) Von Reinhold
Sautter und Waltraud Pröve, 92 S.,
9 Zeichnungen, kart. DM 6,80/S 59.–

Der große Rätselknacker
Über 100.000 Rätselfragen. (4022)
Zusammengestellt von Hans-Jürgen
Winkler, 544 S., kart.
DM 19,80/S 159,–

Rätsel lösen – ein Vergnügen
Ein Lexikon für Rätselfreunde. (0182)
Von Erich Maier, 240 S., kart.
DM 12,80/S 99.–

500 Rätsel selberraten
(0681) Von Eberhard Krüger, 272 S.,
kart. DM 9,95/S 79.–

501 Rätsel selberraten
(0711) Von Eberhard Krüger, 272 S.,
kart. DM 9,95/S 79.–

Das Super-Kreuzwort-Rätsel-Lexikon
Über 150.000 Begriffe. (4126) Von Hans
Schiefelbein, 688 S., Pappband.
DM 19,80/S 159.–

Punkt, Punkt, Komma, Strich
Zeichenstunden für Kinder. (0564) Von
Hans Witzig, 144 S., über 250 Zeich-
nungen, kart. DM 6,80/S 59.–

Einmal grad und einmal krumm
Zeichenstunden für Kinder. (0599) Von
Hans Witzig, 144 S., 363 Abb., kart.
DM 6,80/S 59.–

Die Preise entsprechen dem Status beim Druck dies

Kinderspiele
die Spaß machen.
(2009) Von Helen Müller-Stein, 112 S.,
28 Abb., kart. **DM 6,80**/S 59.–

Spiele für Kleinkinder
(2011) Von Dieter Kellermann, 80 S.,
kart. **DM 5,80**/S 49.–

Kasperletheater
Spieltexte und Spielanleitungen ·
Basteltips für Theater und Puppen.
(0641) Von Ursula Lietz, 136 S., 4 Farbtafeln, 12 s/w-Fotos, 39 Zeichnungen,
kart. **DM 9,80**/S 79.–

Kindergeburtstag
Vorbereitung, Spiel und Spaß. (0287)
Von Dr. Ilse Obrig, 104 S., 40 Abb.,
11 Zeichnungen, 9 Lieder mit Noten, kart.
DM 5,80/S 49.–

Kinderfeste
daheim und in Gruppen. (4033) Gerda
Blechner, 240 S., 320 Abb., gebunden.
DM 19,80/S 159.–

Scherzfragen, Drudel und Blödeleien
gesammelt von Kindern. (0506) Herausgegeben von Waltraud Pröve, 112 S.,
57 Zeichnungen, kart. **DM 5,80**/S 49.–

Die Schlümpfe und ihre Freunde
(0686) Von Peyo, 80 S., viele
Zeichnungen, kart. **DM 2,95**/S 24.–

Die Schlümpfe und der Zauberer Gargamel
(0687) Von Peyo, 80 S., viele
Zeichnungen, kart. **DM 2,95**/S 24.–

Die Schlümpfe und Schlumpfinchen
(0688) Von Peyo, 80 S., viele
Zeichnungen, kart. **DM 2,95**/S 24.–

Die Schlümpfe in Schlumpfhausen
(0689) Von Peyo, 80 S., viele
Zeichnungen, kart. **DM 2,95**/S 24.–

Kein schöner Land ...
Das große Buch unserer beliebtesten Volkslieder. (4150) Das Buch zur Aktion „Dalli-Dalli hilft", 208 S., 108 Farbzeichnungen, Pappband. **19,80**/S 159.–

Die schönsten Wander- und Fahrtenlieder
(0462) Herausgegeben von Franz R.
Miller, empfohlen vom Deutschen
Sängerbund, 80 S., mit Noten und
Zeichnungen, kart. **DM 5,80**/S 49.–

Die schönsten Volkslieder
(0432) Herausgegeben von Dietmar
Walther, 128 S., mit Noten und
Zeichnungen, kart. **DM 4,80**/S 39.–

Die schönsten Berg- und Hüttenlieder
(0514) Herausgegeben von Franz R.
Miller, empfohlen vom Deutschen
Sängerbund, 104 S., mit Noten und
Zeichnungen, kart. **DM 5,80**/S 49.–

Wir lernen tanzen
Standard- und lateinamerikanische
Tänze. (0200) Von Ernst Fern, 168 S.,
118 s/w-Fotos, 47 Zeichnungen, kart.
DM 9,80/S 79.–

Tanzstunde
(5018) Von Gerd Hädrich, 172 S.,
442 s/w-Fotos, 140 Zeichnungen, kart.
Pappband. **DM 19,80**/S 159.–

So tanzt man Rock'n'Roll
Grundschritte · Figuren · Akrobatik.
(0573) Von Wolfgang Steuer und
Gerhard Marz, 224 S., 303 Abb., kart.
DM 16,80/S 139.–

Wir geben eine Party
(0192) Von Elisabeth Ruge, 88 S.,
8 Farbtafeln, 23 Zeichnungen, kart.
DM 8,80/S 74.–

Neue Spiele für Ihre Party
(2022) Von Gerda Blechner, 120 S.,
54 Zeichnungen, kart. **DM 7,80**/S 69.–

Lustige Tanzspiele und Scherztänze
für Parties und Feste. (0165) Von Ewald
Bäulke, 80 S., 53 Abb., kart.
DM 6,80/S 59.–

Straßenfeste, Flohmärkte und Basare
Praktische Tips für Organisation und
Durchführung. (0592) Von Hugo
Schuster, 96 S., 52 Fotos, 17 Zeichnungen, kart. **DM 12,80**/S 99.–

Black Jack
Regeln und Strategien des Kasinospiels
(2032) Von Konrad Kelbratowski, 88 S.,
kart. **DM 9,80**/S 79.–

Roulette richtig gespielt
Systemspiele, die Vermögen brachten.
(0121) Von Martin Jung, 96 S., zahlreiche
Tabellen, kart. **DM 7,80**/S 69.–

Kartenspiele für Kinder
(0533) Von Claus D. Grupp, 136 S.,
24 Abb., kart. **DM 6,80**/S 59.–

Disco-Tänze
(0491) Von Barbara und Felicitas Weber,
104 S., 104 Abb., kart. **DM 6,80**/S 59.–

365 Schwedenrätsel
(4173) Von Günther Borutta, 336 S.,
kart. **DM 16,80**/S 139.–

Kindergeburtstage die keiner vergißt
Planung, Gestaltung, Spielvorschläge
(0698) Von G. und G. Zimmermann,
102 S., kart. **DM 9,80**/S 79.–

Es war einmal ...
Unsere beliebtesten Märchen
(4170) Hrsg. von R. Wehse und D. Enzian,
208 S., 119 Zeichnungen, Pappband.
DM 19,80/S 159.–

Wilhelm-Busch-Album
Jubiläumsausgabe mit 1700 farbigen
Bildern. (3028) 408 S., Großformat, geb.
DM 39,–/S 319.–

Es ist ein Brauch von alters her ...
Lebensweisheiten
(2214) Von Wilhelm Busch, 80 S.,
38 Zeichnungen, Pappband.
DM 9,80/S 85.–

Lachen, Witz und gute Laune
Lustige Texte für Ansagen und Vorträge.
(0149) Von Erich Müller, 104 S., 44 Abb.,
kart. **DM 6,80**/S 59.–

Tolle Sketche
mit zündenden Pointen – zum Nachspielen. (0656) Von Eberhard Cohrs,
112 S., kart. **DM 9,80**/S 79.–

Vergnügliche Sketche
(0476) Von Horst Pillau, 96 S., mit
lustigen Zeichnungen, kart.
DM 6,80/S 59.–

Heitere Vorträge
(0528) Von Erich Müller, 182 S.,
14 Zeichnungen, kart. **DM 9,80**/S 79.–

Die große Lachparade
Neue Texte für heitere Vorträge und
Ansagen. (0188) Von Erich Müller, 108 S.,
kart. **DM 6,80**/S 59.–

So feiert man Feste fröhlicher
Heitere Vorträge und Gedicht.
(0098) Von Dr. Allos, 96 S., 15 Abb.,
kart. **DM 5,80**/S 49.–

Lustige Vorträge für fröhliche Feiern
Sketche, Vorträge und Conferencen für
Karneval und fröhliche Feste. (0284) Von
Karl Lehnhoff, 96 S., kart.
DM 6,80/S 59.–

Vergnügliches Vortragsbuch
(0091) Von Joseph Plaut, 192 S., kart.
DM 7,80/S 69.–

Tolle Sachen zum Schmunzeln und Lachen
Lustige Ansagen und Vorträge.
(0163) Von Erich Müller, 92 S.,
kart. **DM 6,80**/S 59.–

Humor für jedes Ohr
Fidele Sketche und Ansagen. (0157) Von
Heinz Ehnle. 96 S., kart.
DM 6,80/S 59.–

Sketche und spielbare Witze
für bunte Abende und andere Feste.
(0445) Von Hartmut Friedrich, 120 S.,
7 Zeichnungen, kart. **DM 6,80**/S 59.–

Sketche
Kurzspiele zu amüsanter Unterhaltung.
(0247) Von Margarete Gering, 132 S.,
16 Abb., kart. **DM 6,80**/S 59.–

Dalli-Dalli-Sketche
aus dem heiteren Ratespiel von und mit
Hans Rosenthal. (0527) Von Horst Pillau,
144 S., 18 Zeichnungen, kart.
DM 9,80/S 79.–

Non Stop Nonsens
Sketche und Witze mit Spielanleitungen.
(0511) Von Dieter Hallervorden, 160 S.,
geb. **DM 14,80**/S 119.–

Lustige Sketche für Jungen und Mädchen
(0669) Von Ursula Lietz und Ulrike Lange,
104 S., kart. **DM 7,80**/S 69.–

Gereimte Vorträge
für Bühne und Bütt. (0567) Von Günter Wagner, 96 S., kart. **DM 7,80**/S 69.–

Damen in der Bütt
Scherze, Büttenreden, Sketche.
(0354) Von Traudi Müller, 136 S., kart.
DM 8,80/S 74.–

Narren in der Bütt
Leckerbissen aus dem rheinischen Karneval. (0216) Zusammengestellt von Theo Lücker, 112 S., kart.
DM 6,80/S 59.–

Rings um den Karneval
Karnevalsscherze und Büttenreden.
(0130) Von Dr. Allos, 136 S., kart.
DM 9,80/S 79.–

Helau und Alaaf 1
Närrisches aus der Bütt.
(0304) Von Erich Müller, 112 S., kart.
DM 6,80/S 59.–

Helau und Alaaf 2
Neue Büttenreden.
(0477) Von Edmund Luft, 104 S., kart.
DM 7,80/S 69.–

Humor und Stimmung
Ein heiteres Vortragsbuch.
(0460) Von Günter Wagner, 112 S., kart. **DM 6,80**/S 59.–

Humor und gute Laune
Ein heiteres Vortragsbuch.
(0635) Von Günter Wagner, 112 S., kart. **DM 8,80**/S 74.–

Das große Buch der Witze
(0384) Von E. Holz, 320 S., 36 Zeichnungen, geb. **DM 16,80**/S 139.–

Da lacht das Publikum
Neue lustige Vorträge für viele Gelegenheiten. (0716) Von Heinz Schmalenbach, 104 S., kart.
DM 9,80/S 79.–

Lach mit!
Witze für Kinder, gesammelt von Kindern. (0468) Herausgegeben von Waltraud Pröve, 128 S., 17 Zeichnungen, kart.
DM 5,80/S 49.–

Witzig, witzig
(0507) Von Erich Müller, 128 S., 16 Zeichnungen, kart. **DM 6,80**/S 55.–

Lach mit den Schlümpfen
(0610) Von Peyo, 64 S., viele Abb., kart.
DM 6,80/S 59.–

Die besten Witze und Cartoons des Jahres 1
(0454) Herausgegeben von Karl Hartmann, 288 S., 125 Zeichnungen, geb. **DM 16,80**/S 139.–

Die besten Witze und Cartoons des Jahres 2
(0488) Herausgegeben von Karl Hartmann, 288 S., 148 Zeichnungen, geb. **DM 16,80**/S 139.–

Die besten Witze und Cartoons des Jahres 3
(0524) Herausgegeben von Karl Hartmann, 288 S., 105 Zeichnungen, Pappband. **DM 16,80**/S 139.–

Die besten Witze und Cartoons des Jahres 4
(0579) Herausgegeben von Karl Hartmann, 288 S., 140 Zeichnungen, Pappband. **DM 16,80**/S 139.–

Die besten Witze und Cartoons des Jahres 5
(0642) Herausgegeben von Karl Hartmann, 288 S., 88 Zeichnungen, Pappband. **DM 16,80**/S 139.–

Das Superbuch der Witze
(4146) Von B. Bornheim, 504 S., 54 Cartoons, Pappband.
DM 15,–/S 120.–

Die besten Beamtenwitze
(0574) Herausgegeben von Waltraud Pröve, 112 S., 61 Cartoons, kart.
DM 5,80/S 49.–

Die besten Kalauer
(0705) Von Klaus Frank, 112 S., 12 Zeichnungen, kart. **DM 5,80**/S 49.–

Robert Lembkes Witzauslese
(0325) Von Robert Lembke, 160 S., mit 10 Zeichnungen von E. Köhler, gebunden. **DM 14,80**/S 119.–

Fred Metzlers Witze mit Pfiff
(0368) Von Fred Metzler, 120 S., kart.
DM 5,80/S 49.–

O frivol ist mir am Abend
Pikante Witze von Fred Metzler. (0388) Von Fred Metzler, 128 S., mit Karikaturen, kart. **DM 5,80**/S 49.–

Herrenwitze
(0589) Von Georg Wilhelm, 112 S., 30 Zeichnungen, kart. **DM 5,80**/S 49.–

Witze am laufenden Band
(0461) Von Fips Asmussen, 118 S., kart.
DM 5,80/S 49.–

Horror zum Totlachen
Gruselwitze
(0536) Von Franz Lautenschläger, 96 S., 44 Zeichnungen, kart. **DM 5,80**/S 49.–

Die besten Ostfriesenwitze
(0495) Herausgegeben von Onno Freese, 112 S., 17 Zeichnungen, kart.
DM 5,80/S 49.–

Olympische Witze
Sportlerwitze in Wort und Bild.
(0505) Von Wolfgang Willnat, 112 S., 126 Zeichnungen, kart. **DM 5,80**/S 49.–

Ich lach mit kaputt! Die besten Kinderwitze
(0545) Von Erwin Hannemann, 128 S., 15 Zeichnungen, kart. **DM 5,80**/S 49.–

Natur

Faszination Berg
zwischen Alpen und Himalaya.
(4214) Von Toni Hiebeler, 96 S., 100 großformatige Farbfotos, Pappband.
DM 24,80/S 198.–

Gefährdete und geschützte Pflanzen
erkennen und benennen.
(0596) Von Wieland Schnedler und Karl Wolfstetter. 160 S., 140 Farbfotos, 4 Zeichnungen, kart. **DM 19,80**/S 159.–

Beeren und Waldfrüchte
erkennen und benennen, eßbar oder giftig? (0401) Von Jörg Raithelhuber, 120 S., 94 Farbfotos, kart.
DM 16,80/S 139.–

Bäume und Sträucher
erkennen und benennen. (0509) Von Jörg Raithelhuber, 116 S., 108 Farbfotos, kart. **DM 16,80**/S 139.–

Falken-Handbuch **Pilze**
Mit über 250 Farbfotos und Rezepten.
(4061) Von Martin Knoop, 276 S., 250 Farbfotos, 28 Zeichnungen, gebunden. **DM 39,–**/S 319.–

Pilze
erkennen und benennen.
(0380) Von Jörg Raithelhuber, 136 S., 110 Farbfotos, kart. **DM 14,80**/S 119.–

Falken-Handbuch
Der Garten
Das moderne illustrierte Standardwerk.
(4044) Von Gerhard Bambach, unter Mitarbeit von U. Kaiser, W. Velte und J. Zech, 770 S., 40 Farbtafeln, 77 Farbfotos, 787 s/w-Fotos, 147 Zeichnungen, gebunden.
DM 49,–/S 398.–

Das Gartenjahr
Arbeitsplan für draußen und drinnen.
(4075) Von Gerhard Bambach, 152 S., 16 Farbtafeln, viele Abb., kart.
DM 12,80/S 99.–

Gartenteiche und Wasserspiele
planen, anlegen und pflegen.
(4083) Von Horst R. Sikora, 160 S., 16 Farbtafeln, über 100 Skizzen und Abb., Pappband. **DM 29,80**/S 239.–

Gärtnern
(5004) Von Inge Manz, 64 S., 38 Farbfotos, Pappband. **DM 12,80**/S 99.–

Gärtner Gustavs Gartenkalender
Arbeitspläne · Pflanzenporträts · Gartenlexikon.
(4155) Von Gustav Schoser, 120 S., 146 Farbfotos, 13 Tabellen, 203 farbige Zeichnungen, Pappband.
DM 24,80/S 198.–

Leben im Naturgarten
Der Biogärtner und seine gesunde Umwelt. (4124) Von Norbert Jorek, 136 S., 68 s/w-Fotos, kart.
DM 12,80/S 99.–

Mischkultur im Nutzgarten
Mit Jahreskalender und Anbauplänen.
(0651) Von Helmut Oppel, 112 S., 8 Farbtafeln, 23s/w-Fotos, 29 Zeichnungen, kart. **DM 9,80**/S 79.–

Frühbeet und Kleingewächshaus
(5055) Von Gustav Schoser, 64 S., 43 Farbfotos, Pappband.
DM 12,80/S 99.–

Insekten Mitteleuropas
erkennen und benennen. (0588) Von
Helmut Bechtel, 144 S., 129 Farbfotos,
18 Zeichnungen, kart. **DM 16,80**/S 139.–

Schmetterlinge
Tagfalter Mitteleuropas erkennen und
benennen. (0510) Von Thomas
Ruckstuhl, 156 S., 136 Farbfotos, kart.
DM 16,80/S 139.–

Blühende Zimmerpflanzen
(5010) Von Rolf Blaich, 64 S., 107 Farbfotos, Pappband. **DM 12,80**/S 99.–

Falken-Handbuch Zimmerpflanzen
1600 Pflanzenporträts.
(4082) Von Rolf Blaich, 432 S.,
480 Farbfotos, 84 Zeichnungen,
1600 Pflanzenbeschreibungen, geb.
DM 39,–/S 319.–

Blütenpracht in Grolit 2000
Der neue, mühelose Weg zu
farbenprächtigen Zimmerpflanzen.
(5127) Von Gabriele Vocke, 64 S.,
50 Farbfotos, Pappband.
DM 12,80/S 99.–

Zimmerbäume, Palmen und andere Blattpflanzen
(5111) Von Gustav Schoser, 96 S.,
98 Farbfotos, 7 Zeichnungen, Pappband.
DM 16,80/S 139.–

Biologisch zimmergärtnern
Zier- und Nutzpflanzen natürlich pflegen.
(4144) Von Norbert Jorek, 152 S.,
15 Farbtafeln, 120 s/w-Fotos, Pappband.
DM 19,80/S 159.–

Hydrokultur
Pflanzen ohne Erde – mühelos gepflegt.
(4080) Von Hans-August Rotter, 120 S.,
67 farbige und s/w-Abb. sowie Zeichnungen, geb. **DM 19,80**/S 159.–

Zimmerpflanzen in Hydrokultur
Leitfaden für problemlose Blumenpflege.
(0660) Von Hans-August Rotter, 32 S.,
76 Farbfotos, 8 farbige Zeichnungen,
Spiralbindung, kart. **DM 6,80**/S 59.–

Sukkulenten
Mittagsblumen, Lebende Steine,
Wolfsmilchgewächs u. a.
(5070) Von Werner Hoffmann, 64 S.,
82 Farbfotos, Pappband.
DM 12,80/S 99.–

Kakteen und andere Sukkulenten
300 Arten mit über 500 Farbfotos.
(4116) Von Günter Andersohn, 316 S.,
520 Farbfotos, 193 Zeichnungen, geb.
DM 49,–/S 398.–

Fibel für Kakteenfreunde
(0199) Von H. Herold, 102 S.,
23 Farbfotos, kart. **DM 7,80**/S 69.–

Kakteen
Herkunft, Anzucht, Pflege,
Klimabedingungen.
(5021) Von Werner Hoffmann, 64 S.,
70 Farbfotos, Pappband.
DM 12,80/S 99.–

Faszinierende Formen und Farben Kakteen
(4211) Von Katharina und Franz Schild,
96 S., 127 großformatige Farbfotos,
Pappband. **DM 24,80**/S 198.–

Gemüse, Kräuter, Obst aus dem Balkongarten
– Erfolgreich ernten auf kleinstem Raum.
(0694) Von Siegfried Stein, 32 S.,
34 Farbfotos, 5 Zeichnungen, Spiralbindung, kart., **DM 7,80**/S 69.–

Erfolgstips für den Gemüsegarten
Mit naturgemäßem Anbau
zu höherem Ertrag.
(0674) Von Franz Mühl, 80 S.,
30 s/w-Fotos, 4 Zeichnungen,
kart. **DM 7,80**/S 69.–

Der Obstgarten
Pflanzung · Pflege · Baumschnitt ·
Neuheiten. (5100) Von Joachim Zech,
64 S., 54 Farbfotos, Pappband.
DM 12,80/S 99.–

Der richtige Schnitt von Obst- und Ziergehölzen, Rosen und Hecken
(0619) Von Erich Zettl, 88 S.,
8 Farbtafeln, 39 Zeichnungen,
21 s/w-Fotos, kart. **DM 7,80**/S 69.–

Unkraut im Garten
erkennen und erfolgreich bekämpfen.
(0637) Von Friedrich und Heidrun
Jantzen, 144 S., 190 Farbfotos,
kart. **DM 16,80**/S 139.–

Das Blumenjahr
Arbeitsplan für drinnen und draußen.
(4142) Von Gabriele Vocke, 136 S.,
15 Farbtafeln, kart. **DM 12,80**/S 99.–

Blumenpracht im Garten
(5014) Von Inge Manz, 64 S.,
93 Farbfotos, Pappband.
DM 12,80/S 99.–

Rosen
Arten – Pflanzung – Pflege.
(5065) Von Inge Manz, 64 S., 60 Farbfotos, Pappband. **DM 12,80**/S 99.–

Ziersträucher und -bäume im Garten
(5071) Von Inge Manz, 64 S., 91 Farbfotos, Pappband. **DM 12,80**/S 99.–

Falken-Handbuch Katzen
(4158) Von B. Gerber, 176 S., 294 Farbund 88 s/w-Fotos, Pappband.
DM 39,–/S 319.–

Katzen
Rassen · Haltung · Pflege. (4216) Von
Brigitte Eilert-Overbeck, 96 S., 82 großformatige Farbfotos, Pappband.
DM 24,80/S 198.–

Lieblinge auf Samtpfötchen Katzen
(2202) Von Brigitte Eilert-Overbeck,
80 S., 53 Farbfotos, 5 s/w-Fotos,
Pappband. **DM 9,80**/S 85.–

Katzenkrankheiten
Erkennung und Behandlung. (0652) Von
Dr. med. vet. Rolf Spangenberg, 176 S.,
64 s/w-Fotos, 4 Zeichnungen, kart.
DM 9,80/S 79.–

Steingärten
Anlage – Pflanzen – Pflege.
(5092) Von Martin Haberer, 64 S.,
90 Farbfotos, Pappband.
DM 12,80/S 99.–

Balkons in Blütenpracht
zu allen Jahreszeiten.
(5047) Von Nikolaus Uhl, 64 S., 82 Farbfotos, Pappband. **DM 12,80**/S 99.–

Kübelpflanzen
für Balkon, Terrasse und Dachgarten.
(5132) Von Martin Haberer, 64 S.,
70 Farbfotos, Pappband.
DM 14,80/S 119.–

Kletterpflanzen
Rankende Begrünung für Fassade,
Balkon und Garten.
(5140) Von Martin Haberer, 64 S.,
70 Farbabb., 2 Zeichnungen, Pappband.
DM 12,80/S 99.–

Grabgestaltung
Bepflanzung und Pflege zu jeder
Jahreszeit. (5120) Von Nikolaus Uhl,
64 S., 77 Farbfotos, 2 Zeichnungen,
Pappband. **DM 14,80**/S 119.–

Blütenpracht in Haus und Garten
Der große praktische Ratgeber mit über
1000 farbigen Abbildungen.
(4145) Von Martin Haberer, Friedrich
Jantzen, Gernot Lysek, Peter Möhring
und Nikolaus Uhl, 352 S., 1012 Farbfotos, 3 Zeichnungen, Pappband.
DM 29,80/S 239.–

Sag's mit Blumen
Pflege und Arrangieren von
Schnittblumen.
(5103) Von Peter Möhring, 64 S.,
68 Farbfotos, 2 s/w-Fotos, Pappband.
DM 12,80/S 99.–

Bonsai
Japanische Miniaturbäume und
Miniaturlandschaften.
Anzucht, Gestaltung und Pflege.
(4091) Von Benedikt Lesniewicz, 160 S.,
106 Farbfotos, 46 s/w-Fotos,
115 Zeichnungen, geb. **DM 68,–**/S 549.–

Falken-Handbuch Das Terrarium
(4069) Von Burkhard Kahl, Paul Gaupp,
Dr. Günter Schmidt, 336 S.,
215 Farbfotos, geb. **DM 58,–**/S 460.–

Falken-Handbuch Das Aquarium
Einrichtung, Pflege und Fische für Süß-
und Meerwasser. (4029) Von Hans J.
Mayland, 334 S., über 415 Farbfotos und
Farbtafeln, 150 Zeichnungen, geb.
DM 39,–/S 398.–

Aquarienfische
des tropischen Süßwassers. (5003) Von
Hans J. Mayland, 64 S., 98 Farbfotos,
Pappband. **DM 12,80**/S 99.–

Süßwasser-Aquarienfische
(4212) Von Burkhard Kahl, 96 S., 108
großformatige Farbfotos, Pappband,
kart. **DM 24,80**/S 198.–

Das Süßwasser-Aquarium
Einrichtung – Pflege – Fische – Pflanzen.
(0153) Von Hans J. Mayland, 132 S.,
163 Zeichnungen, 8 Farbtafeln, kart.
DM 8,80/S 74.–

Das Meerwasser-Aquarium
Einrichtung – Pflege – Fische und niedere
Tiere. (0281) Von Hans J. Mayland,
146 S., 30 farbige und 228 s/w-Abb.,
kart. **DM 14,80**/S 119.–

Orchideen
(4215) Von Gustav Schoser, 96 S., 143 großformatige Farbfotos, Pappband. **DM 24,80**/S 198.–

Orchideen
Eigenart – Schnittblumen – Topfkultur – Pflege. (5038) Von Gustav Schoser, 64 S., 75 Farbfotos, Pappband. **DM 14,80**/S 119.–

Keime, Sprossen, Küchenkräuter
am Fenster ziehen – rund ums Jahr. (0658) Von Friedrich und Heidrun Jantzen, 32 S., 55 Farbfotos, Spiralbindung, kart. **DM 6,80**/S 59.–

Falken-Handbuch Hunde
(4118) Von Horst Bielfeld, 176 S., 222 Farbfotos und Farbzeichnungen, 73 s/w-Abb., geb. **DM 39,–**/S 319.–

Hunde
Rassen · Erziehung · Haltung. (4209) Von Horst Bielfeld, 96 S., 101 großformatige Farbfotos, Pappband. **DM 24,80**/S 198.–

Das neue Hundebuch
Rassen · Aufzucht · Pflege. (0009) Von Walter Busack, überarbeitet von Dr. med. vet. A. H. Hacker, 104 S., 8 Farbtafeln, kart. **DM 8,80**/S 74.–

Falken-Handbuch Der Deutsche Schäferhund
(4077) Von Ursula Förster, 228 S., 160 farbige und s/w-Abb. sowie Zeichnungen, geb. **DM 29,80**/S 239.–

Der Deutsche Schäferhund
(0073) Von Alfred Hacker, 104 S., 56 Abb., kart. **DM 7,80**/S 69.–

Dackel, Teckel, Dachshund
Aufzucht · Pflege · Ausbildung. (0508) Von Marianne Wein-Gysae, 112 S., 4 Farbtafeln, 43 s/w-Fotos, 2 Zeichnungen, kart. **DM 9,80**/S 79.–

Hunde-Ausbildung
Verhalten – Gehorsam – Abrichtung. (0346) Von Prof. Dr. Rudolphine Menzel, 96 S., 18 Fotos, kart. **DM 7,80**/S 69.–

Hundekrankheiten
Erkennung und Behandlung, Steuerung des Sexualverhaltens. (0570) Von Dr. med. vet. Rolf Spangenberg, 128 S., 68 s/w-Fotos, 10 Zeichnungen, kart. **DM 9,80**/S 79.–

Das neue Katzenbuch
Rassen – Aufzucht – Pflege. (0427) Von Brigitte Eilert-Overbeck, 136 S., 14 Farbfotos, 26 s/w-Fotos, kart. **DM 8,80**/S 74.–

Hilfe für den Wald
Ursachen, Schadbilder, Hilfsprogramme. Was jeder wissen muß, um unser wichtigstes Öko-System zu retten. (4164) Von K. F. Wentzel, R. Zundel, 128 S., 178 Farb- u. 6 s/w-Fotos, 60 Zeichnungen, kart. **DM 19,80**/S 159.–

So wird mein Garten zum Biogarten
Alles über die Umstellung auf naturgemäßen Anbau. (0706) Von Ingrid Gabriel, 128 S., durchgehend 4farbig, 73 Farbfotos und Zeichnungen. **DM 14,80**/S 119.–

Cichliden
Pflege, Herkunft und Nachzucht der wichtigsten Buntbarscharten (5144) Von J. in't Veen, 96 S., 163 Farbfotos, Pbd. **DM 19,80**/S 159.–

Gesunde Pflanzen im Biogarten
Biologische Maßnahmen bei Schädlingsbefall und Pflanzenkrankheiten. (0707) Von Ingrid Gabriel, 128 S., durchgehend 4farbig, 73 Farbfotos und Zeichnungen, kart. **DM 14,80**/S 119.–

Der Biogarten unter Glas und Folie
Ganzjährig erfolgreich ernten. (0722) Von Ingrid Gabriel, 128 S., durchgehend vierfarbig, 58 Fotos, 39 Zeichn., kart. **DM 14,80**/S 119.–

Neuanlage eines Biogartens
Planung, Bodenvorbereitung, Gestaltung (0721) Von Ingrid Gabriel, 128 S., durchgehend vierfarbig, 73 Farbfotos, 35 Zeichnungen, kart. **DM 14,80**/S 119.–

Das Bio-Gartenjahr
Arbeitsplan für naturgemäßes Gärtnern. (4169) Von Norbert Jorek, 128 S., 8 Farbtafeln, 70 s/w-Abb., kart. **DM 14,80**/S 119.–

Vom betörenden Zauber der Rosen
(2206) Von Helmut Steinhauer, 80 S., 89 Farbfotos und Zeichnungen, Pappband, **DM 9,80**/S 85.–

Bauernregeln
Wenn die Schwalben niedrig fliegen (2208) Von G. Haddenbach, 80 S., 52 Farbfotos und Zeichnungen, Pappband. **DM 9,80**/S 85.–

Hunde
Die treuen Freunde des Menschen (2207) Von Rolf Spangenberg, 80 S., 49 Farbfotos und Zeichnungen, Pappband. **DM 9,80**/S 85.–

Ponys
Rassen, Haltung, Reiten. (4205) Von Stefan Braun, 96 S., 84 großformatige Farbfotos, Pappband. **DM 24,80**/S 198.–

Vögel
Die wichtigsten Arten Mitteleuropas erkennen und benennen. (0554) Von Joachim Zech, 152 S., 135 Farbfotos, 4 s/w-Fotos, 5 Zeichnungen, kart. **DM 16,80**/S 139.–

Wellensittiche
Arten · Haltung · Pflege · Sprechunterricht · Zucht. (5136) Von Horst Bielfeld, 64 S., 59 Farbfotos, Pappband. **DM 12,80**/S 99.–

Papageien und Sittiche
Arten · Pflege · Sprechunterricht. (0591) Von Horst Bielfeld, 112 S., 8 Farbtafeln, kart. **DM 9,80**/S 79.–

Gesundheit

Der praktische Hausarzt
(4100) Von Dr. med. Rosemarie Jäkel, 608 S., 201 s/w-Fotos, 118 Zeichnungen, Pappband. **DM 29,80**/S 239.–

Heiltees und Kräuter für die Gesundheit
(4123) Von Gerhard Leibold, 136 S., 15 Farbtafeln, 16 Zeichnungen, kart. **DM 12,80**/S 99.–

Falken-Handbuch Heilkräuter
Modernes Lexikon der Pflanzen und Anwendungen (4076) Von Gerhard Leibold, 392 S., 183 Farbfotos, geb. **DM 39,–**/S 319.–

Die farbige Kräuterfibel
(0245) Von Ingrid Gabriel, 196 S., 49 farbige und 97 s/w-Abb., Pappband. **DM 14,80**/S 119.–

Arzneikräuter und Wildgemüse
erkennen und benennen. (0459) Von Jörg Raithelhuber, 144 S., 108 Farbfotos, kart. **DM 16,80**/S 139.–

Falken-Handbuch Bio-Medizin
Alles über die moderne Naturheilpraxis. (4136) Von Gerhard Leibold, 552 S., 16 Farbtafeln, Pappband. **DM 39,–**/S 319.–

Gesund bleiben – gesund werden durch Enzyme
(0677) Von Gerhard Leibold, 96 S., kart. **DM 9,80**/S 79.–

Gesund bleiben – gesund werden durch Heilfasten
(0713) Von Gerhard Leibold, 108 S., kart. **DM 9,80**/S 79.–

So lebt man länger nach Dr. Le Comptes Erfolgsmethode!
Vital und gesund bis ins hohe Alter. (4129) Von Dr. Herman Le Compte, Pia Pervenche, 224 S., geb. **DM 24,80**/S 198.–

Gesundheit und Spannkraft durch Yoga
(0321) Von Lothar Frank und Ursula Ebbers, 112 S., 50 s/w-Fotos, kart. **DM 7,80**/S 69.–

Yoga für jeden
(0341) Von Kareen Zebroff, 156 S., 135 Abb., kart. **DM 20,–**/S 160.–

Yoga gegen Haltungsschäden und Rückenschmerzen
(0394) Von Alois Raab, 104 S., 215 Abb., kart. **DM 6,80**/S 59.–

Hypnose und Autosuggestion
Methoden – Heilwirkungen – praktische Beispiele. (0483) Von Gerhard Leibold, 116 S., kart. **DM 7,80**/S 69.–

Autogenes Training
Anwendung · Heilwirkungen · Methoden. (0541) Von Rolf Faller, 128 S., 3 Zeichnungen, kart. **DM 9,80**/S 79.–

Eigenbehandlung durch Akupressur
Heilwirkungen – Energielehre – Meridiane. (0417) Von Gerhard Leibold, 152 S., 78 Abb., kart. **DM 9,80**/S 79.–

Die fernöstliche Fingerdrucktherapie Shiatsu
Anleitungen zur Selbsthilfe – Heilwirkungen. (0615) Von Gerhard Leibold, 196 S., 180 Abb., kart. **DM 16,80**/S 139.–

Die Preise entsprechen dem Status beim Druck dieses

10 Minuten täglich Tele-Gymnastik
(5102) Von Beate Manz und Kafi Biermann, 128 S., 381 Abb., kart.
DM 12,80/S 99.–

Gesund und fit durch Gymnastik
(0366) Von Hannelore Pilss-Samek, 132 S., 150 Abb., kart. **DM 7,80**/S 69.–

Stretching
Mit Dehnungsgymnastik zu Entspannung, Geschmeidigkeit und Wohlbefinden. (0717) Von Hans Schulz, 80 S., 90 s/w-Fotos, kart.
DM 7,80/S 69.–

Schönheitspflege
Kosmetische Tips für jeden Tag. (0493) Von Heide Zander, 180 S., 25 Abb., kart.
DM 7,80/S 69.–

Tanz und Spiele für Bewegungsbehinderte
Ein Anfängerkurs für alle, die mitmachen wollen. Empfohlen vom Bundesverband für Tanztherapie e.V. (0581) Von Wally Kaechele, 96 S., 105 s/w-Fotos, 9 Zeichnungen, Spiralbindung.
DM 19,80/S 159.–

Natur-Apotheke
Gesundheit durch altbewährte Kräuterrezepte und Hausmittel.
(4156) Von Gerhard Leibold, 236 S., 105 Zeichnungen, 8 Farbtafeln, kart., **DM 19,80**/S 159.–
(4157) Pappband, **26,80**/S 218.–

Bildatlas des menschlichen Körpers
(4177) Von G. Pogliani u. V. Vannini, 112 S., über 450 Farbabb., Pappband, **DM 29,80**/S 239.–

Fußmassage
Reflexzonentherapie am Fuß
(0714) Von Gerhard Leibold, 96 S., 38 Zeichnungen, kart. **DM 9,80**/S 79.–

Rheuma und Gicht
Krankheitsbilder, Behandlung, Therapieverfahren, Selbstbehandlung, richtige Lebensführung und Ernährung
(0712) Von Dr. J. Höder, J. Bandick, 104 S., kart. **DM 9,80**/S 79.–

Krampfadern
Ursachen, Vorbeugung, Selbstbehandlung, Therapieverfahren (0727) Von Dr. med. Kurt Steffens, 96 S., 38 Abb., kart. **DM 9,80**/S 79.–

Aktiv Yoga
(0709) Von Karen Zebroff, 112 S., 102 Farbfotos, Spiralbindung, kart. **DM 14,80**/S 119.–

Ratgeber, Lebenshilfe

Umgangsformen heute
Die Empfehlungen des Fachausschusses für Umgangsformen. (4015) 282 S., 160 s/w-Fotos, 25 Zeichnungen, geb. **DM 29,80**/S 239.–

Der Gute Ton
Ein moderner Knigge. (0063) Von Irmgard Wolter, 168 S., 38 Zeichnungen, kart. **DM 9,80**/S 79.–

Tischkarten und Tischdekorationen
(5063) Von Gabriele Vocke, 64 S., 79 Farbfotos, Pappband.
DM 12,80/S 99.–

Von der Verlobung zur Goldenen Hochzeit
Vorbereitung · Festgestaltung · Glückwünsche. (0393) Von Elisabeth Ruge, 120 S., kart. **DM 6,80**/S 59.–

Reden zur Hochzeit
Musteransprachen für Hochzeitstage. (0654) Von Günter Georg, 112 S., kart. **DM 6,80**/S 59.–

Glückwünsche, Toasts und Festreden zur Hochzeit.
(0264) Von Irmgard Wolter, 128 S., kart. **DM 7,80**/S 69.–

Hochzeits- und Bierzeitungen
Muster, Tips und Anregungen.
(0288) Von Hans-Jürgen Winkler, mit vielen Text- und Gestaltungsanregungen, 116 S., 15 Abb., 1 Musterzeitung, kart. **DM 6,80**/S 59.–

Kindergedichte zur Grünen, Silbernen und Goldenen Hochzeit
(0318) Von Hans-Jürgen Winkler, 104 S., 20 Abb., kart. **DM 5,80**/S 49.–

Die Silberhochzeit
Vorbereitung · Einladung · Geschenkvorschläge · Festablauf · Menüs · Reden · Glückwünsche. (0542) Von Karin F. Merkle, 120 S., 41 Zeichnungen, kart. **DM 9,80**/S 79.–

Großes Buch der Glückwünsche
(0255) Herausgegeben von Olaf Fuhrmann, 240 S., 77 Zeichnungen und viele Gestaltungsvorschläge, kart. **DM 9,80**/S 79.–

Neue Glückwunschfibel
für Groß und Klein. (0156) Von Renée Christian-Hildebrandt, 96 S., kart. **DM 4,80**/S 39.–

Glückwunschverse für Kinder
(0277) Von Bettina Ulrici, 80 S., kart. **DM 5,80**/S 49.–

Die Redekunst · Rhetorik · Rednererfolg
(0076) Von Kurt Wolter, überarbeitet von Dr. W. Tappe, 80 S., kart.
DM 4,80/S 39.–

Reden und Ansprachen
für jeden Anlaß. (4009) Herausgegeben von Frank Sicker, 454 S., geb.
DM 39,–/S 319.–

Reden zum Jubiläum
Musteransprachen für viele Gelegenheiten (0595) Von Günter Georg, 112 S., kart. **DM 6,80**/S 59.–

Reden und Sprüche zu Grundsteinlegung, Richtfest und Einzug
Musteransprachen für viele Gelegenheiten. (0598) Von Albert Bruder, Günter Georg, 96 S., kart.
DM 6,80/S 59.–

Reden zu Familienfesten
Musteransprachen für viele Gelegenheiten. (0675) Von Günter Georg, 108 S., kart. **DM 6,80**/S 59.–

Festreden und Vereinsreden
Ansprachen für festliche Gelegenheiten. (0069) Von Karl Lehnhoff und Elisabeth Ruge, 88 S., kart. **DM 5,80**/S 49.–

Reden im Verein
Musteransprachen für viele Gelegenheiten. (0703) Von Günter Georg, 112 S., kart. **DM 6,80**/S 59.–

Trinksprüche, Richtsprüche, Gästebuchverse
(0224) Von Dieter Kellermann, 80 S., kart. **DM 5,80**/S 49.–

Ins Gästebuch geschrieben
(0576) Von Kurt H. Trabeck, 96 S., 24 Zeichnungen, kart. **DM 7,80**/S 69.–

Poesiealbumverse
Heiteres und Besinnliches. (0578) Von Anne Göttling, 112 S., 20 Abb., Pappband. **DM 14,80**/S 119.–

Verse fürs Poesiealbum
(0241) Von Irmgard Wolter, 96 S., 20 Abb., kart. **DM 5,80**/S 49.–

Rosen, Tulpen, Nelken . . .
Beliebte Verse fürs Poesiealbum
(0431) Von Waltraud Pröve, 96 S., mit Faksimile-Abb., kart. **DM 5,80**/S 49.–

Der Verseschmied
Kleiner Leitfaden für Hobbydichter. Mit Reimlexikon. (0597) Von Theodor Parisius, 96 S., 28 Zeichnungen, kart. **DM 7,80**/S 69.–

Moderne Korrespondenz
(4014) Von Hans Kirst und Wolfgang Manekeller, 568 S., gebunden.
DM 39,–/S 319.–

Der neue Briefsteller
(0060) Von Irmgard Wolter-Rosendorf, 112 S., kart. **DM 5,80**/S 49.–

Geschäftliche Briefe
des Privatmanns, Handwerkers und Kaufmanns. (0041) Von Alfred Römer, 96 S., kart. **DM 6,80**/S 59.–

Behördenkorrespondenz
Musterbriefe – Anträge – Einsprüche. (0412) Von Elisabeth Ruge, 120 S., kart. **DM 6,80**/S 59.–

Musterbriefe
für alle Gelegenheiten. (0231) Herausgegeben von Olaf Fuhrmann, 240 S., kart. **DM 9,80**/S 79.–

Privatbriefe
Muster für alle Gelegenheiten. (0114) Von Irmgard Wolter-Rosendorf, 132 S., kart. **DM 6,80**/S 59.–

Erfolgstips für den Schriftverkehr
Briefwechsel leicht gemacht durch einfachen Stil und klaren Ausdruck (0678) Von Joachim Werbellin, 120 S., kart. **DM 8,80**/S 74.–

Worte und Briefe der Anteilnahme
(0464) Von Elisabeth Ruge, 128 S., mit vielen Abbildungen, kart.
DM 9,80/S 79.–

Lebenslauf und Bewerbung
Beispiele für Inhalt, Form und Aufbau.
(0428) Von Hans Friedrich, 112 S., kart.
DM 6,80/S 59.–

**Erfolgreiche Bewerbungsbriefe
und Bewerbungsformen.** (0138) Von
Wolfgang Manekeller, 88 S., kart.
DM 5,80/S 49.–

Die erfolgreiche Bewerbung
Bewerbung und Vorstellung. (0173) Von
Wolfgang Manekeller, 156 S., kart.
DM 9,80/S 79.–

Die Bewerbung
Der moderne Ratgeber für
Bewerbungsbriefe, Lebenslauf und
Vorstellungsgespräche. (4138) Von
Wolfgang Manekeller, 264 S., Pappband.
DM 19,80/S 159.–

Vorstellungsgespräche
sicher und erfolgreich führen. (0636) Von
Hans Friedrich, 144 S., kart.
DM 9,80/S 79.–

Zeugnisse im Beruf
richtig schreiben, richtig verstehen.
(0544) Von Hans Friedrich, 112 S., kart.
DM 9,80/S 79.–

**In Anerkennung Ihrer . . . ,
Lob und Würdigung in Briefen
und Reden.**
(0535) Von Hans Friedrich, 136 S., kart.
DM 7,80/S 69.–

Erfolgreiche Kaufmannspraxis
Wirtschaftliche Grundlagen, Geld, Kreditwesen, Steuern, Betriebsführung, Recht, EDV. (4046) Von W. Göhler, H. Gölz, M. Heibel, Dr. D. Machenheimer, mit einem Vorwort von Dr. K. Obermayr, 544 S., geb. **DM 34,–**/S 272.–

Der Rechtsberater im Haus
(4048) Von Karl-Heinz Hofmeister,
528 S., geb. **DM 39,–**/S 319.–

Arbeitsrecht
Praktischer Ratgeber für Arbeitnehmer
und Arbeitgeber, (0594) Von Johannes
Beuthner, 192 S., kart.
DM 16,80/S 139.–

Mietrecht
Leitfaden für Mieter und Vermieter.
(0479) Von Johannes Beuthner, 196 S.,
kart. **DM 14,80**/S 119.–

Scheidung und Unterhalt
nach dem neuen Eherecht. (0403) Von
Rechtsanwalt Hans T. Drewes, 109 S.,
mit Kosten- und Unterhaltstabellen, kart.
DM 7,80/S 69.–

Testament und Erbschaft
Erbfolge, Rechte und Pflichten der Erben,
Erbschafts- und Schenkungssteuer,
Muster für Testamente. (4139) Von
Theodor Drewes und Rainer Hollender,
352 S., Pappband. **DM 26,80**/S 218.–

Erbrecht und Testament
Mit Erläuterungen des Erbschaftssteuergesetzes von 1974. (0046) Von Dr. jur.
Hanns Wandrey, 124 S., kart.
DM 6,80/S 59.–

Antiquitäten-(Ver)führer
Stilkunde – Wert – Echtheitsbestimmung. (5057) Von Margot Lutze,
128 S., 191 Farbfotos, Pappband.
DM 19,80/S 159.–

Der Sklave Calvisius
Alltag in einer römischen Provinz 150 n.
Chr. (4058) Von Alice Ammermann,
Tilmann Röhrig, Gerhard Schmidt,
120 S., 99 Farbabb., 47 s/w-Abb.,
Pappband. **DM 19,80**/S 159.–

**Die Kunst des Stillens nach neuesten
Erkenntnissen**
(0701) Von Prof. Dr. med. E. Schmidt/S.
Brunn, 112 S., 20 Fotos und
Zeichnungen, kart., **DM 9,80**/S 79.–

Elternsache Grundschule
(0692) Von K. Meynersen, 324 S., kart.
DM 26,80/S 218.–

Sexualberatung
(0402) Von Dr. Marianne Röhl, 168 S.,
8 Farbtafeln, 17 Zeichnungen, Pappband.
DM 19,80/S 159.–

Wenn Sie ein Kind bekommen
(4003) Von Ursula Klamroth, Dr. med.
H. Oster, 240 S., 86 s/w-Fotos,
30 Zeichnungen, geb.**DM 24,80**/S 198.–

Vorbereitung auf die Geburt
Schwangerschaftsgymnastik, Atmung,
Rückbildungsgymnastik. (0251) Von
Sabine Buchholz, 112 S., 98 s/w-Fotos,
kart. **DM 6,80**/S 59.–

Wie soll es heißen?
(0211) Von D. Köhr, 136 S., kart.
DM 5,80/S 49.–

Das Babybuch
Pflege · Ernährung · Entwicklung. (0531)
Von Annelore Burkert, 136 S.,
8 Farbtafeln, 41 s/w-Fotos, kart.
DM 12,80/S 99.–

Die neue Lebenshilfe Biorhytmik
Höhen und Tiefen der persönlichen
Lebenskurven vorausberechnen und
danach handeln. (0458) Von Walter A.
Appel, 157 S., 63 Zeichnungen,
Pappband. **DM 9,80**/S 79.–

**Energie aus Sonne, Wasser, Wind
und Eis**
Alles über Wärmedämmung, Wärmepumpen, Sonnendächer und andere
Systeme. (0552) Von Volker Petzold,
216 S., 124 Abb., kart.
DM 16,80/S 139.–

Vom Urkrümel zum Atompilz
Evolution – Ursache und Ausweg aus der
Krise. (4181) Von Jürgen Voigt, 188 S.,
20 Farb- u. 70 s/w-Fotos, 32 Zeichnungen, kart. **DM 19,80**/S 159.–

Astrologie
Das Orakel der Sterne.
(2211) Von B. A. Mertz, 80 S., 42 Farb- u.
15 s/w-Fotos, Pappband.
DM 9,80/S 85.–

So finde ich einen Ausbildungsplatz
(0715) Von Hans Friedrich, 136 S., kart.,
DM 9,80/S 79.–

Falken-Handbuch Astrologie
Charakterkunde · Schicksal · Liebe und
Beruf · Berechnung und Deutung von
Horoskopen · Aszendenttabelle. (4068)
Von Bernd A. Mertz mit einem
Geleitwort von Hildegard Knef, 342 S.,
mit 60 erläuternden Grafiken, geb.
DM 29,80/S 239.–

Selbst Wahrsagen mit Karten
Die Zukunft in Liebe, Beruf und Finanzen.
(0404) Von Rhea Koch, 112 S., viele Abb.,
Pappband. **DM 12,80**/S 99.–

Weissagen, Hellsehen, Kartenlegen . . .
Wie jeder die geheimen Kräfte ergründen
und für sich nutzen kann. (4153) Von
Georg Haddenbach, 192 S.,
40 Zeichnungen, Pappband.
DM 16,80/S 139.–

Wahrsagen mit Tarot-Karten
(0482) Von Edwin J. Nigg, 112 S.,
4 Farbtafeln, 52 s/w-Fotos, Abb.,
Pappband. **DM 14,80**/S 119.–

Aztekenhoroskop
Deutung von Liebe und Schicksal nach
dem Aztekenkalender. (0543) Von
Christa-Maria und Richard Kerler, 160 S.,
20 Zeichnungen, Pappband.
DM 9,80/S 79.–

Was sagt uns das Horoskop?
Praktische Einführung in die Astrologie.
(0655) Von Bernd A. Mertz, 176 S., kart.
DM 9,80/S 79.–

Das Super-Horoskop
(0465) Von Georg Haddenbach, 175 S.,
Pappband. **DM 9,80**/S 79.–

**Liebeshoroskop für die
12 Sternzeichen**
Glück und Harmonie mit Ihrem Traumpartner. Alles über Chancen,
Beziehungen, Erotik, Zärtlichkeit, Leidenschaft. (0587) Von Georg Haddenbach,
144 S., 12 Zeichnungen, geb.
DM 9,80/S 59.–

Die 12 Sternzeichen
Charakter, Liebe und Schicksal. (0385)
Von Georg Haddenbach, 160 S.,
Pappband. **DM 9,80**/S 79.–

**Die 12 Sternzeichen im chinesischen
Horoskop**
(0423) Von Georg Haddenbach, 128 S.,
Pappband. **DM 9,80**/S 79.–

Sternstunden
für Liebe, Glück und Geld, Berufserfolg
und Gesundheit. Das ganz persönliche
Mitbringsel für Widder (0621), Stier
(0622), Zwillingen (0623), Krebs (0624),
Löwe (0625), Jungfrau (0626), Waage
(0627), Skorpion (0628), Schütze
(0629), Steinbock (0630), Wassermann
(0631), Fische (0632) Von Leo Cancer,
62 S., durchgehend farbig, Zeichnungen,
Pappband. **DM 5,–**/S 39.–

So deutet man Träume
Die Bildersprache des Unbewußten.
(0444) Von Georg Haddenbach, 160 S.,
Pappband. **DM 9,80**/S 79.–

Die Familie im Horoskop
(4161) Von B. A. Mertz, 296 S.,
29 Zeichnungen, kart.
DM 16,80/S 139.–

ZDF · ORF · DRS
Kompaß Jugend-Lexikon
(4096) Von Richard Kerler, Jochen Blum,
unter Mitarbeit von Ursula Kopp, 336 S.,
766 Farbfotos, 39 s/w-Fotos und
Zeichnungen, Pappband.
DM 29,80/S 239.–

Der Weg zum richtigen Computer
Checklisten und Entscheidungshilfen für Auswahl und Einsatz im Betrieb.
(4801) Von W. Bauer, 558 S., Mappe mit Ringmechanik **DM 298,–**/S 2.398.–

Computer Grundwissen
Eine Einführung in Funktion und Einsatzmöglichkeiten. (4302) Von Wolfgang Bauer, 176 Seiten, 193 Farb- und 12 s/w-Fotos, 37 Computergrafiken, kart., **DM 29,80**/S 239.–
(4301) Pappband, **DM 36,–**/S 298.–

Einführung in die Programmiersprache BASIC. (4303) Von Susan Curran und Ray Curnow, 192 S., 92 Zeichnungen, Spiralbindung. **DM 19,80**/S 159.–

Lernen mit dem Computer. (4304) Von Susan Curran und Ray Curnow, 144 S., 34 Zeichnungen, Spiralbindung, **DM 19,80**/S 159.–

Computerspiele, Grafik und Musik
(4305) Von Susan Curran und Ray Curnow, 148 S., 46 Zeichnungen, Spiralbindung. **DM 19,80**/S 159.–

Menschen, Computer und Roboter
(4502) Von Wolfgang Rudolph und Hedda Schatz, 144 Seiten und 8 Farbtafeln, kart. **DM 24,80**/S 198.–

Computer sind überall. (4501) Von Wolfgang Rudolph und Hedda Schatz, 144 S., 120 Abb., kart. **DM 24,80**/S 198.–

Das neue Wörterbuch der deutschen Gegenwartssprache
(4163) Von F. Hübner, 480 S., Pappband, **DM 19,80**/S 159.–

Endlich 18 und nun?
Rechte und Pflichten mit der Volljährigkeit. (0646) Von Richard Rathgeber, 224 S., 27 Zeichnungen, kart. **DM 14,80**/S 119.–

Psycho Tests
– Erkennen Sie sich selbst.
(0710) Von Bruce M. Nash, Randolph B. Monchick, 304 S., 81 Zeichnungen, kart., **DM 16,80**/S 139.–

Keine Angst vorm Fliegen
(0463) Von Rudolf Braunburg und Rainer-Joachim Pieritz, 159 S., 15 Farbtafeln, 68 s/w-Fotos, kart. **DM 12,80**/S 99.–

Dinosaurier
und andere Tiere der Urzeit. (4219) Von Gerolf Alschner, 96 S., 81 großformatige Farbzeichnungen, 4 s/w-Fotos, Pappband. **DM 24,80**/S 198.–

Lernhilfen

Deutsch für Ausländer im Selbstunterricht

Ausgabe für Italiener
(0254) Von Italo Nadalin und Ernst Richter, 156 S., 62 Zeichnungen, kart. **DM 9,80**/S 79.–

Ausgabe für Jugoslawen
(0261) Von I. Hladek und Ernst Richter, 132 S., 62 Zeichnungen, kart. **DM 9,80**/S 79.–

Ausgabe für Türken
(0262) Von B. I. Rasch und Ernst Richter, 136 S., 62 Zeichnungen, kart. **DM 9,80**/S 79.–

Deutsch – Ihre neue Sprache.
Grundbuch (0327) Von Hans-Jürgen Demetz und Juan Manuel Puente, 204 S., mit über 200 Abb., kart. **DM 14,80**/S 119.–

Glossar Italienisch
(0329) Von Hans-Jürgen Demetz und Juan Manuel Puente, 74 S., kart. **DM 9,80**/S 79.–

In gleicher Ausstattung:
Glossar Spanisch (0330)
DM 9,80/S 79.–

Glossar Serbokroatisch (0331)
DM 9,80/S 79.–

Glossar Türkisch (0332)
DM 9,80/S 79.–

Glossar Arabisch (0335)
DM 9,80/S 79.–

Glossar Englisch (0336)
DM 9,80/S 79.–

Glossar Französisch (0337)
DM 9,80/S 79.–

Das Deutschbuch
Ein Sprachprogramm für Ausländer, Erwachsene und Jugendliche.
Autorenteam: Juan Manuel Puente, Hans-Jürgen Demetz, Sener Sargut, Marianne Spohner.

Grundbuch Jugendliche
(4915) Von Puente, Demetz, Sargut, Spohner, Hirschberger, Kersten, von Stolzenwaldt, 256 S., durchgehend zweifarbig. **DM 19,80**/S 159.–

Grundbuch Erwachsene
(4901) Von Puente, Demetz, Sargut, Spohner, 292 S., durchgehend zweifarbig, kart. **DM 24,80**/S 198.–

Arbeitsheft
zu Grundbuch Erwachsene und Jugendliche. (4903) Von Puente, Demetz, Sargut, Spohner, 160 S., durchgehend zweifarbig, kart. **DM 16,80**/S 139.–

Aufbaukurs
(4902) Von Puente, Sargut, Spohner, 239 S., durchgehend zweifarbig, kart. **DM 22,80**/S 182.–

Lehrerhandbuch Grundbuch Erwachsene
(4904) 144 S., kart. **DM 14,80**/S 119.–

Lehrerhandbuch Grundbuch Jugendliche
(4929) 120 S., kart. **DM 14,80**/S 119.–

Lehrerhandbuch Aufbaukurs
(4930) 64 S., kart. **DM 9,80**/S 79.–

Glossare Erwachsene:

Türkisch
(4906) 100 S., kart. **DM 9,80**/S 79.–

Englisch
(4912) 100 S., kart. **DM 9,80**/S 79.–

Französisch
(4911) 104 S., kart. **DM 9,80**/S 79.–

Spanisch
(4909) 98 S., kart. **DM 9,80**/S 79.–

Italienisch
(4908) 100 S., kart. **DM 9,80**/S 79.–

Serbokroatisch
(4914) 100 S., kart. **DM 9,80**/S 79.–

Griechisch
(4907) 102 S., kart. **DM 9,80**/S 79.–

Portugiesisch
(4910) 100 S., kart. **DM 9,80**/S 79.–

Polnisch
(4913) 102 S., kart. **DM 9,80**/S 79.–

Arabisch
(4905) 100 S., kart. **DM 9,80**/S 79.–

Glossare Jugendliche:

Türkisch
(4927) 105 S., kart. **DM 9,80**/S 79.–

Italienisch
(4932) Von Alexandra Baumgartner, 100 S., kart. **DM 9,80**/S 79.–

Spanisch
(4933) Von Margerita Weidemann, 100 S., kart. **DM 9,80**/S 79.–

Serbokroatisch
(4934) Von Milan Vuckovic, 100 S., kart. **DM 9,80**/S 79.–

Griechisch
(4936) Von Dr. Georg Tzounakis, 112 S., kart. **DM 9,80**/S 79.–

Tonband Grundbuch Erwachsene
(4916) Ø 18 cm. **DM 125,–**/S 1.000.–

Tonband Grundbuch Jugendliche
(4917) Ø 18 cm. **DM 125,–**/S 1.000.–

Tonband Aufbaukurs
(4918) Ø 18 cm. **DM 125,–**/S 1.000.–

Tonband Arbeitsheft
(4919) Ø 18 cm. **DM 89,–**/S 712.–

Kassetten Grundbuch Erwachsene
(4920) 2 Stück à 90 Min. Laufzeit. **DM 39,–**/S 319.–

Kassetten Grundbuch Jugendliche
(4921) 2 Stück à 90 Min. Laufzeit. **DM 39,–**/S 319.–

Kassetten Aufbaukurs
(4922) 2 Stück à 90 Min. Laufzeit. **DM 39,–**/S 319.–

Kassette Arbeitsheft
(4923) 60 Min. Laufzeit. **DM 19,80**/S 159.–

Overheadfolie Grundbuch Erwachsene
(4924) 60 Stück. **DM 159,–**/S 1.270.–

Overheadfolien Grundbuch Jugendliche
(4925) 59 Stück. **DM 159,–**/S 1.270.–

Overheadfolien Aufbaukurs
(4931) 54 Stück **DM 159,–**/S 1.270.–

Diapositive Grundbuch Erwachsene
(4926) 300 Stück. **DM 398,–** /S 3.184.–

Bildkarten
zum Grundbuch Jugendliche und Erwachsene. (4928) 200 Stück
DM 159,– /S 1.270.–

Arbeitshefte für ausländische Jugendliche in der Berufsvorbereitung
Fachsprache im projektorientierten/ fachübergreifenden Unterricht
Metall 1
(4937) Von Sener Sargut, Marianne Spohner, 106 S., 30 Farbfotos, 100 Zeichnungen, kart.
DM 14,80 /S 119.–

Maschinenschreiben für Kinder.
(0274) Von Hanns Kaus, 48 S., farbige Abb., kart. **DM 5,80** /S 49.–

So lernt man leicht und schnell
Maschinenschreiben
Lehrbuch für Selbstunterricht und Kurse. (0568) Von Jean W. Wagner, 80 S., 31 s/w-Fotos, 36 Zeichnungen, Spiralbindung, kart. **DM 19,80** /S 159.–

Maschinenschreiben durch Selbstunterricht
(0170) Von A. Fonfara, 84 S., viele Abb., kartoniert. **DM 5,80** /S 49.–

Stenografie
– leicht gemacht im Kursus oder Selbstunterricht. (0266) Von Hanns Kaus, 64 S., kart. **DM 5,80** /S 49.–

Buchführung
leicht gefaßt. Ein Leitfaden für Handwerker und Gewerbetreibende. (0127) Von Richard Pohl. 104 S., kart. **DM 7,80** /S 69.–

Schülerlexikon der Mathematik
Formeln, Übungen und Begriffserklärungen für die Klassen 5–10. (0430) Von Robert Müller, 176 S., 96 Zeichnungen, kart.
DM 9,80 /S 79.–

Mathematik verständlich
Zahlenbereiche Mengenlehre, Algebra, Geometrie, Wahrscheinlichkeitsrechnung, Kaufmännisches Rechnen. (4135) Von Robert Müller, 652 S., 10 s/w- und 109 Farbfotos, 802 farbige und 79 s/w-Zeichnungen, über 2500 Beispiele und Übungen mit Lösungen, Pappband.
DM 68,– /S 549.–

Mathematische Formeln für Schule und Beruf
Mit Beispielen und Erklärungen. (0499) Von Robert Müller, 156 S., 210 Zeichnungen, kart. **DM 9,80** /S 79.–

Rechnen aufgefrischt
für Schule und Beruf. (0100) Von Helmut Rausch, 144 S., kart. **DM 6,80** /S 59.–

Mehr Erfolg in Schule und Beruf
Besseres Deutsch
Mit Übungen und Beispielen für Rechtschreibung, Diktate, Zeichensetzung, Aufsätze, Grammatik, Literaturbetrachtung, Stil, Briefe, Fremdwörter, Reden. (4115) Von Kurt Schreiner, 444 S., 7 s/w-Fotos, 27 Zeichnungen, Pappband. **DM 29,80** /S 239.–

Richtiges Deutsch
Rechtschreibung · Zeichensetzung · Grammatik · Stilkunde. (0551) Von Kurt Schreiner, 128 S., kart.
DM 9,80 /S 79.–

Diktate besser schreiben
Übungen zur Rechtschreibung für die Klassen 4–8. (0469) Von Kurt Schreiner, 149 S., kart. **DM 9,80** /S 79.–

Aufsätze besser schreiben
Förderkurs für die Klassen 4–10. (0429) Von Kurt Schreiner, 144 S., 4 s/w-Fotos, 27 Zeichnungen, kart. **DM 9,80** /S 79.–

Deutsche Grammatik
Ein Lern- und Übungsbuch. (0704) Von Kurt Schreiner, 112 S., kart., **DM 9,80** /S 79.–

Bestellschein FALKEN VERLAG

Erfüllungsort und Gerichtsstand für Vollkaufleute ist der jeweilige Sitz der Lieferfirma. Für alle übrigen Kunden gilt dieser Gerichtsstand für das Mahnverfahren. Falls durch besondere Umstände Preisänderungen notwendig werden, erfolgt Auftragserledigung zu dem bei der Lieferung gültigen Preis.
Ich bestelle hiermit aus dem Falken-Verlag GmbH, Postfach 1120, D-6272 Niedernhausen/Ts., durch die Buchhandlung:

Ex. _____
Ex. _____
Ex. _____
Ex. _____
Ex. _____
Ex. _____

Name:
Straße: Ort:
Datum: Unterschrift:

Für die Schweiz: sFr.-Preise gemäß   Preisauszeichnung in der Buchhandlung